EL CANTAR
DE LOS CANTARES

EL CANTAR DE LOS CANTARES

Comentado por *El Zohar*

EDICIONES OBELISCO

Si este libro le ha interesado y desea que le mantengamos informado
de nuestras publicaciones escríbanos indicándonos qué temas
son de su interés (Astrología, Autoayuda, Cábala y Judaísmo, Naturismo,
Espiritualidad, Tradición...) y gustosamente le complaceremos.

Puede consultar nuestro catálogo en
www.edicionesobelisco.com

Colección Cábala y Judaísmo
EL CANTAR DE LOS CANTARES

1ª edición: julio de 2015

Título original: *Shir haShirim*

Compilador: *Juli Peradejordi*
Maquetación: *Marta Rovira Pons*

© 2015, Ediciones Obelisco, S.L.,
(Reservados los derechos para la presente edición)

Pere IV, 78 (Edif. Pedro IV) 3.ª planta 5.ª puerta
08005 Barcelona - España
Tel. 93 309 85 25 - Fax 93 309 85 23
E-mail: info@edicionesobelisco.com

ISBN: 978-84-16192-97-7
Depósito legal: B-15.509-2015

Printed in Spain

Impreso en España en los talleres de Romanyà/Valls S.A.
Verdaguer, l. 08786 Capellades (Barcelona)

Prólogo

El *Shir haShirim* o *Cantar de los Cantares* es probablemente el libro más hermoso de toda la Biblia. De una belleza inigualable y una poesía exquisita goza, además, de múltiples interpretaciones. Algunas son literales, otras alegóricas. La mayoría de éstas se hallan recogidas en el *Sefer haZohar* o Libro del Esplendor que además de presentarse como el comentario cabalístico más extraordinario de la *Torah*, probablemente también lo sea del *Cantar de los Cantares*. Tal es la importancia desde el punto de vista cabalístico del *Shir haShirim* que el Zohar declara que es «un cántico que contiene toda la *Torah*» y que es *Kodesh Kodashim*, o sea Santo de Santos.

Con el *Cantar de los Cantares* nos encontramos ante el libro del amor por excelencia, pero no nos equivoquemos, no se trata del amor profano, exterior, sino otro tipo de amor, un amor que como todo el libro es *Kodesh Kodashim*, o sea Santo de Santos.

La presente edición propone la traducción del *Cantar de los Cantares* que aparece en la Biblia de Ferrara, realizada en el siglo XV por rabinos hispanoparlantes, junto con innumerables comentarios extraídos del *Zohar*. Se trata de una traducción literal, absolutamente fiel al texto, que sin duda chocará a muchos lectores. En ella aparecen palabras y expresiones que actualmente no se usan ni en España ni en Latinoamérica. Por ello hemos decidido incluir al final del libro otra traducción, también bastante literal, la de Fray Luis de León, realizada a pesar de la prohibición del *Índice* de Valdés, pero mucho más comprensible. Fray Luis de León, que padeció las iras de la Inquisición y fue encarcelado «por preferir el texto hebreo del Antiguo Testamento a la versión latina», estaba enfrentado a León de Castro, delator furibundo de judíos y judaizantes. En el año 1572 es acusado criminalmente «por ser descendiente de generación de judíos» y en 1574 de «encubridor de personas que han enseñado proposiciones heréticas».

La presencia de ideas cabalísticas en su *De los Nombres* no es ningún misterio. No podía ser de otro modo tratándose de un espíritu abierto, gran hebraísta y, además, descendiente de judíos. Autores como Víctor García de la Concha nos dan fe de ello.

¿Cómo alguien con estas inquietudes y antecedentes se hizo sacerdote católico? La respuesta quizá nos la dé Rhona Zaid cuando escribe que «a menudo la Iglesia era el refugio ideal para muchos conversos para verse protegidos de las miradas indiscretas del Santo Oficio».

Una curiosidad o, mejor dicho una casualidad que no quisiéramos dejar de recordar, es la coincidencia entre el apellido de Fray Luis y el del autor del Zohar: de León. En ambos casos indica su procedencia. ¿Conoció Fray Luis el Zohar? Muy probablemente, aunque en ningún momento comete el desliz de citarlo. Algunas ideas sobre los nombres, como por ejemplo la relación entre la palabra que nombra y la cosa nombrada, encuentran eco en la obra de Fray Luis, gran hebraísta que conocía bien los diversos sentidos de *Dabar*, «palabra» o «cosa». Fray Luis se nos presenta de una modernidad sorprendente cuando «deconstruye» esta palabra:

> Porque *Dabar* no dize una cosa sola, sino una muchedumbre de cosas, y dízelas comoquiera y por doquiera que le miremos, o junto todo a él, o a sus partes cada una por sí, a sus syllabas y a sus letras...

Pero no se queda aquí y utiliza técnicas cabalísticas como el *Notarikón* cuando escribe que *Dalet* «tiene fuerza de artículo, como en nuestro español; y el oficio del artículo es reducir a ser lo común», *Beth*, «como San Jerónimo enseña, tiene significación de edificio», y *Resh*, «conforme al mismo doctor San Jerónimo, tiene significación de cabeza o principio». Una interpretación que podría aparecer perfectamente en el Zohar.

También nos explica que:

> En algunos nombres se añaden letras para significar acrecentamiento de buena dicha en aquello que sig-

nifican y en otros se quitan algunas de las devidas para hacer demostración de calamidad y pobreza.

Explicación que nos recuerda el pasaje de Zohar (I-90 b) cuando Abram es «sacado afuera» y se le añade a su nombre una letra *He*, pasando a llamarse Abraham, lo que le proporcionará la dicha de tener un hijo. El patriarca está sometido al destino astrológico pero Dios le dice:

> No observes esto sino en el misterio de Mi Nombre que de allí tendrás un hijo. Tal como está escrito: «Así será tu descendencia» según el misterio del Nombre sagrado.

¿De qué nombre se trata? Del inefable Tetragrama cuya guematria[1] o valor numérico es 26 y cuya última letra es la *He*. Si calculamos la guematria de *Ko*, «así», vemos que es 25 y si le añadimos 1 por el *Kollel*, obtenemos 26.

Por otra parte sabemos que el Zohar (I- 46b) sostiene que el *Cantar de los Cantares* «es un cántico que contiene toda la *Torah*», y que la *Torah* e Israel son lo mismo, como nos enseñan los *Tikkunei haZohar* (Tikún 21):

> La *Torah* tiene un cuerpo, una cabeza, un corazón, una boca así como otros miembros, del mismo modo que Israel.

---

1. Para no cargar esta introducción con las guematrias, rogamos al lector interesado en este tema se dirija al apéndice 2, donde las desarrollamos.

La guematria de *Shir haShirim, Cantar de los Cantares*, es 1075. Si calculamos la denominada guematria *shemi* o completa de Israel nos encontramos con que es exactamente la misma.

En otro pasaje del Zohar (I-144a) descubrimos que «Cantar» está asociado al rey David, mientras que «Cantares» se refiere a los patriarcas. Nos hallamos ante una compleja guematria y un sutil juego de palabras típico de los cabalistas que leen *haSarim*, «los príncipes», una manera de referirse a los patriarcas, en vez de *haShirim*. La letra *Shin* inicial de *Shir,* deletreada tiene un valor de 360, la *Iod* de 20 y la *Resh* de 510, que sumados dan 890. Si hacemos lo mismo con David, tenemos a la *Dalet* que suma 434 y a la *Vav* que suma 22. Sumando el valor numérico de las dos *Dalet* con el de la *Vav* obtenemos de nuevo 890. Dicho en la jerga cabalística, la guematria shemi de *Shir* «Canto» es la misma que la de David. El texto del Zohar dice exactamente:

«Cantar», es un secreto del rey David, que es un secreto para elevar el canto. «Cantares» se refiere a los patriarcas.

Más adelante (I-135a) podemos leer:

Ven y observa: acerca de Salomón, está escrito: «Él dijo tres mil proverbios y sus cánticos se numeraban en mil cinco» (1 Reyes V-12). Y he aquí que ha sido explicado que mil cinco sentidos había en cada proverbio y proverbio que pronunciaba. Y si éstas fueron las palabras de Salomón, que era un hombre de carne y sangre, ¡cuánto más con las palabras de la Torah pronunciadas por El Santo, Bendito Sea, en las que en cada palabra y palabra existen innumerables parábolas, innumerables cánticos, innumerables alabanzas, innumerables secretos supremos, innumerables sabidurías! Y sobre esto está escrito: ¿Quién puede expresar los poderosos actos de El Eterno?».

Ya vimos que la guematria de *Shir haShirim* era 1075. La guematria de *Sod*, «secreto» es 70. Si sumamos este número con 1005, el número de cánticos según el Zohar, obtenemos 1075.

En otro pasaje (I-143a) podemos leer:

Ven y observa: vino Salomón, y buscó comprender las palabras de la Torah y las enseñanzas más sutiles de la Torah, pero no pudo y dijo: «Yo dije: "Yo seré sabio, pero está más allá de mí"». (*Eclesiastés* VII-23)

David, dijo: «¡Abre mis ojos, para que yo pueda ver las maravillas de tu Torah!» (Salmos CXIX-18)».

Y por eso él hizo tres libros: el *Cantar de los Cantares*, el *Eclesiastés*, y *Proverbios*. Y todos los hizo para completar a la sabiduría.

El Cantar de los Cantares, en correspondencia con la bondad, Eclesiastés, en correspondencia con la justicia y Proverbios, en correspondencia con la misericordia para completar la sabiduría. Y todo lo que hizo, lo hizo para revelar la sabiduría.

¿De qué maravillas se trata? ¿Por qué se nos han de abrir los ojos? ¿No somos capaces de abrirlos nosotros mismos? ¿Qué tendrán que ver los 3 libros de Salomón, el rey sabio?

Estos libros sirven para contemplar la luz que se encuentra dentro de la *Torah*, y que es la misma luz que está reservada para los justos en el *Olam haBa*. Hay que leerlos lentamente, con paciencia, porque es necesario ir abriendo poco a poco los ojos. Una apertura violenta sin duda nos cegaría. Este mismo versículo del libro de los *Salmos* está lleno de luz. Su guematria es 1839, un número muy especial porque es 613, el número de *mitsvoth* o preceptos, multiplicado por 3. Pero 613 también es la guematria de *Oroth* «luces», lo cual nos está diciendo que encierra 3 *Oroth*. Estas 3 luces son el *Cantar de los Cantares*, *Eclesiastés* y *Proverbios*.

En *Cantar de los Cantares* (IV-12) (véase pág. 47) leemos:

«Alberca cerrada, fuente sellada».

¿De qué nos están hablando? Veamos qué podemos deducir de otro conocido pasaje zohárico (I-145a) que nos dirá:

Y por eso dijo el Cantar de los Cantares. «Cantar», en relación con *Kodesh*, «Cantares», en relación con *Kodashim,* para que sea todo Santo de lo Santo, en una unión como es debido.

¿De qué unión se trata? De la del amado y la amada. La guematria *shemi* de *Kodesh Kodashim*, Santo de lo Santo es 2060. Los cabalistas nos descubren que se trata del valor numérico de un versículo del libro de *Proverbios* (V-18) en el que *Makor*, la fuente, representa en este caso al Amado e *Ishah*, la mujer, a la amada:

> Sea bendita tu fuente y goza de la mujer de tu juventud.

Palabras sabias donde las haya porque para gozar de nuestra alma, algo en nosotros que es comparable a una fuente ha de recibir la Bendición. Ojalá este pequeño texto sirva para acercarnos a ella.

JULI PERADEJORDI

El Cantar de los Cantares
Comentado por *El Zohar*

1

1. CÁNTICO [1][2][3][4] de los cánticos, [5][6] que a Selomoh. [7][8][9]

1. Este cántico lo compuso el rey Salomón despertando cuando se construyó el Templo Sagrado. Y todos los mundos se completaron, arriba y abajo, con una plenitud. Y aunque los compañeros discreparon en esto, este cántico no se dijo sino cuando hubo plenitud. Cuando la Luna estaba llena, completa, el Templo sagrado fue construido según el modelo de Arriba. Cuando el Templo sagrado fue construido abajo, no hubo alegría para El Santo, Bendito Sea, como en ese día, desde que fue creado el mundo.

2. Este cántico es un cántico que contiene toda la *Torah*. Es un cántico que los de arriba y los de abajo, se despiertan para asistirla a ella. Es un cántico que se asemeja al mundo de arriba, el *Shabbat* supremo. Es un cántico que el Nombre sagrado supremo se corona mediante él.

3. Asimismo el día en que se reveló este canto, en ese día descendió la Presencia Divina a la Tierra. Como está escrito: «Y los sacerdotes no pudieron incorporarse para servir...» (1 *Reyes* VIII-11). ¿Por qué razón? «Porque la Gloria de El Eterno había llenado la Casa de El Eterno». En ese día concretamente fue revelada esta alabanza y Salomón la pronunció a través del espíritu de santidad.

4. Este cántico es superior a todos los demás cánticos de los antepasados ya que todos los cantos que pronunciaron no ascendían sino dentro de los cantos que entonaban los ángeles supremos. 5. Y por eso él hizo tres libros: *Cantar de los Cantares*, *Eclesiastés* y *Proverbios*. Y a todos los hizo para completar a la sabiduría. El *Cantar de los Cantares*, en correspondencia con la bondad; *Eclesiastés*, en correspondencia con la justicia; *Proverbios*, en correspondencia con la misericordia, para completar la sabiduría. Y todo lo que hizo, lo hizo para revelar la sabiduría, y en correspondencia con el grado supremo. 6. El día en que se reveló esta alabanza en la Tierra, en ese día hubo plenitud de todo. Y por eso es *Kodesh Kodashim*. 7. Cada vez que la palabra «Salomón», aparece mencionada en el *Cantar de los Cantares*, alude al Rey que posee la paz. 8. «Cántico de los cánticos, el cual es de Salomón». Se enseña que cuando el Santo, Bendito Sea, creó su mundo, ascendió ante Él la voluntad y creó los Cielos con Su derecha, y la Tierra con Su izquierda. Y ascendió ante Él la voluntad de conducir el día y la noche, y creó los ángeles encargados de Su bondad durante el día, y creó los ángeles encargados de pronunciar un cántico durante la noche, tal como está escrito: «De día El Eterno ordenará Su bondad, y por la noche un cántico será conmigo, una plegaria al Dios de mi vida» (*Salmos* XL-9): estos de la derecha y estos de la izquierda. Estos del día atienden el cántico del día y estos atienden el cántico de la noche, el cántico de Israel «sagrado».

Rabí Itzjak dijo: aquellos que pronuncian un cántico durante la noche, atienden los cánticos de Israel durante el día, tal como está escrito: «Los compañeros escuchan tu voz» (*Cantar de los Cantares* VIII-13). Dijo Rabí Shimon: un grupo compuesto por tres grupos, tal como está escrito: «se incorpora siendo aún de noche, y da de la presa a su casa» (*Proverbios* XXXI-15).

Dijo Rabí Nejemia: bienaventurado el que se hace merecedor de conocer ese cántico pues fue enseñado: quien se hace merecedor de conocer ese cántico conocerá los asuntos de la *Torah* y de la Sabiduría y sopesará, e investigará y agregará fuerza y poder en lo que se encuentra y en lo que en un futuro se encontrará. Y esto fue lo que Salomón mereció conocer.

Y Salomón se hizo merecedor en lo referente a ese canto y conoció la Sabiduría, y sopesó, e investigó y estableció muchos proverbios. E hizo un libro con ese cántico, concretamente. Es decir, tal como está escrito: «me hice de cantores y cantoras» (*Eclesiastés* II-8). Es decir, lo hice para conocer el cántico de esos cantores supremos, y de los que se encuentran debajo, tal como está escrito: «Cántico de los Cánticos», es decir: un cántico de esos cantores supremos; un cántico que incluye todos los asuntos de la *Torah* y la Sabiduría y la fuerza y el poder de lo que hubo y de lo que habrá de suceder.

9. Y por eso hay cuatro palabras en este primer versículo, es el secreto del Carruaje sagrado completo. «Cántico», es un secreto del rey David que es un secreto para elevar el canto. Y «Cánticos» se refiere a los patriarcas. Llegó Salomón e hizo un libro de ese cántico de esos cantores, y se encerró la Sabiduría en él.

2 Besásseme de besos de su boca,[10] [11] [12] [13] porque mejores tus querencias más que vino.[14] [15] [16]

3 Por olor de tus olios buenos, (como) olio vaziado tu nombre, por tanto moças te amaron.

---

10. Y entonces él se alegra al unirse espíritu a espíritu y completarse éste a éste. Entonces hay completitud en una única unión, debido a que este espíritu se une a él y se completan éste con éste, iluminándose éste a éste con toda la plenitud, como corresponde, a través de la voluntad de la plegaria que reza el hombre justo que lo eleva todo como corresponde, hasta ese lugar, uniendo con amor éste a éste. Entonces los Cielos se unen con este espíritu con amor íntegro con la luz se apegan éste a éste y entonces todos estos palacios y todos estos espíritus incluidos en él, y cada uno y uno de estos espíritus y palacios incluidos en el «Cielo», cada uno y uno toma a ese palacio y a ese espíritu que le corresponde, para unirse a él y para ser completado en él, como corresponde.

11. Éste es el deseo supremo: que la voluntad salga de la boca y que no salga de la nariz en el momento en que surge el fuego. Porque cuando la boca se une para besar, sale fuego voluntariamente con la luz del rostro y con alegría de todo, y con el apego del sosiego.

12. En ese tiempo en el que los Hijos de Israel estén limpios como el grano de dentro de la paja y los desperdicios. Su Nombre se posará sobre ellos.

13. La Congregación de Israel dijo: «Besásseme de besos de su boca». ¿Cuál es la razón? Debería decirse «si me amara». ¿Por qué dice: «Besásseme»? Hemos estudiado: ¿qué significa «besos»? Es el apego del espíritu con el espíritu. Por eso el beso se da con la boca. Pues la boca es por donde sale el espíritu, y es su origen. Y por eso los besos se dan con la boca con amor. Y se apegan espíritu con espíritu, los cuales no se separan éste de éste. Y por eso aquel cuya alma sale a través de un beso, se apega con otro espíritu, con un espíritu que no se apartará de él. Y por eso la muerte se denomina beso. Y por eso dijo la Congregación de Israel: «Besásseme de besos de su boca». Para apegarse espíritu con espíritu, para que no se separen éste de éste jamás.

14. De ése que regocija e ilumina los rostros, y que hace sonreír a los ojos, y que hace la voluntad. Y no del vino embriagante, que desata la cólera, y oscurece los rostros e inflama los ojos. Y por esto, debido a que este vino es bueno, ilumina los rostros, regocija los ojos y genera el deseo del amor, es ofrecido cada día sobre el altar la cantidad que a aquel que la bebe lo regocija y lo apacigua, como está escrito: «Y su libación de vino es un cuarto de *hin* para un cordero, a ser vertido en el Santo, una libación embriagante para El Eterno». (*Números* XXVIII-7).

15. Ese vino que despierta amor y deseo. Y todo como en lo bajo, se despierta el amor en lo Alto. Son dos velas: cuando se apaga la luz de lo Alto con el humo que sube de aquel de lo bajo, se enciende ése de lo Alto.

16. Y éste es el vino guardado en sus uvas, que alegra a todos. Y si no está escrito: «Dad vino embriagante al abatido y vino a los de alma amargada». (*Proverbios* XXXI-6).

4 Sontráeme, en pos ti correremos, trúxome el rey a sus cámaras; agradarnos emos y alegrarnos emos en ti, membraremos tus querencias más que vino; derechedades te amaron.

5 Negra yo y desseable,[17] [18] [19] [20] hijas de Yerusalaim, como tiendas de Kedar, como cortinas de Selomoh.

---

17. Una Lente que no ilumina pero el Padre y la Madre la prepararon para que su esposo se apaciguara con ella «y la llevó ante el hombre»; aprendemos de aquí que el Padre y la Madre de la novia necesitan introducirla en el dominio del novio, como está dicho: «He dado mi hija a este hombre» (*Deuteronomio* XXII-16). De aquí en adelante su esposo se allegará a ella, porque he aquí que la casa es de ella tal como está escrito «Él se llegó a ella» (*Génesis* XXIX-23); «Y se llegó también a Raquel» (*Génesis* XXIX-30).

18. «Negra yo y desseable» se refiere a la Congregación de Israel, la cual ennegrecieron debido al exilio; «y desseable», pues ella es agradable por la *Torah* y los preceptos y los buenos actos; «hijas de Yerusalaim», pues debido a esto se vuelven merecedores de heredar a Yerusalaim de lo Alto; «como tiendas de Kedar»: a pesar de que está oscurecida por el exilio, por sus actos ella es «como cortinas de Selomoh»: como las cortinas del Rey a quien le pertenece toda la paz.

19. La Comunidad de Israel dice al Santo, Bendito Sea: yo soy negra en el cautiverio, pero soy bella en prácticas religiosas, pues aunque Israel está en exilio los israelitas no abandonan estas prácticas.

20. Yo soy negra como la letra *Yod*, en la cual no hay un espacio blanco, y yo no tengo espacio para protegerte bajo mis alas; por; eso «no me miréis», porque no podéis verme del todo.

---

6 No me catedes porque yo denegrida, que me enncgresció el sol; hijos de mi madre son airados en mí, [21] [22] pusiéronme guardadora a las viñas; mi viña que a mí, no guardé. [23] [24]
7 Denuncia a mí, quien amó mi alma, [25] adó apascientas, [26] adó fazes yazer en las siestas; que ¿por qué

---

21. «Hijos de mi madre son airados en mí», porque he aquí que esta luminaria se empequeñeció a sí misma y a su Luz, y las cáscaras se establecieron en sus lugares.
22. Estos son los emisarios del lado de la severidad
23. «Pusiéronme guardadora a las viñas», se refiere a las demás naciones; «mi viña que a mí, no guardé», se refiere a los de Israel. Pues los de las demás naciones llevan la abundancia a su interior con esas bondades que hicieron con las personas. Y los de Israel alejan la abundancia de su interior. Pues no se esforzaron con esas bondades como las demás naciones.
24. Esto es, de otras naciones, mientras que no puedo guardar «mi propia viña», Israel.
25. Tú, amado de mi alma, Tú, que todo el amor de mi alma es por Ti, ¿dónde apacientas? ¿Cómo te nutrirá Tú mismo de las profundidades del arroyo que no cesa? ¿Cómo te nutrirás Tú mismo de la irradiación de luminosidad del Edén supremo?
26. La Luna dijo al Creador: «¿Cómo apacientas tu rebaño?» El Sol dijo al Creador: «¿Cómo lo fazes yacer en las siestas?» ¿Cómo una pequeña llama puede alumbrar a mediodía? «¿Por qué debo estar como errante? ¿Por qué debo sentirme avergonzada?». La Luna se empequeñeció con el fin de ser la cabeza de los mundos de Abajo, tal como está escrito: «sal a ti en rastros de las ovejas».

---

seré como embolvíense cerca rebaños de tus compañeros?[27] [28]

8 Si no sabes a ti,[29] o hermosa en las mugeres,[30] sal a ti en rastros de las ovejas,[31] y apascienta tus cabritas [32] cerca moradas de los pastores.[33]

27. ¿Cómo me cubriré sin bendiciones, cuando ellos necesiten esas bendiciones y no las hallen en mi mano?

28. Se refiere a Israel, que son los hijos de los Patriarcas, los cuales conforman la Carroza sagrada suprema.

29. Para ti he aquí un consejo para ti, «hermosa en las mugeres», como está dicho: «sal, sigue las talones del rebaño», en referencia a los justos, ya que ellos son pisados entre los talones, y por ellos, se te otorgará poder para existir.

30. La Comunidad de Israel es la que junta de todos los campos de arriba, y mantiene todo lo que junta, dejándolo escapar solamente por gotas como el rocío, porque no hay suficiente fe abajo. Porque si Ella encontrara fe como se encuentra en ella, ella derramaría la luz a cada lado sin restricción, y ellos le darían obsequios y presentes sin limitación. Pero son los del mundo inferior quienes los restringen y la restringen a ella, y por eso ella se llama Atzeret, la restrictora.

31. Nosotros hemos estudiado que esto fue dicho en relación con el exilio.

32. Se refiere a los niños pequeños que están en casa de sus maestros y le otorgan poder a la Congregación de Israel en el exilio.

33. Se refiere a las casas de los maestros, el lugar de las casas de estudio, donde la *Torah* se encuentra permanentemente.

9 A yegua en quatreguas de Parhoh,[34] te asemejé mi compañera.

10 Afermosiguáronse tus mexillas con joyas, tu cuello con sartales.

11 Joyas de oro[35] faremos a ti, con pinturas de plata.

---

34. Ven y observa: hay quatreguas a la izquierda, en el misterio del Otro Lado, y hay quatreguas a la derecha, en el misterio de lo Alto, de la Santidad. Y éstas están en correspondencia con éstas, éstas de Misericordia y *estos* de Juicio.

35. En paralelo a ellos está escrito: «Te haremos collares de oro». Estos son los niños, los jóvenes, los adolescentes, tal como está escrito: «Harás dos Querubines de oro» (*Éxodo* XXV-18).

12 Mientras que el rey en su rescobdo,[36] [37] [38] [39] mi Nardo dio su olor.[40] [41] [42]

13 Atadero de la mirrha, mi querido a mí; entre mis tetas manirá.

---

36. «En su rescobdo» con el fin de establecerse en el reino de lo bajo, por el misterio de esa unificación y el placer de ese Amor del Edén supremo, a través del sendero escondido y disimulado que no se deja conocer, y se colma de éste y desborda en los ríos conocidos.

37. Este versículo ya fue explicado, pero ven y observa: así es el camino del Santo, Bendito Sea: cuando el hombre está apegado a Él y Él hace morar Su Presencia sobre él y Él sabe que después de un tiempo pecará, se anticipa y recolecta su buen aroma de él y lo retira del mundo como está escrito: «Mientras el rey estaba en su rescobdo, mi nardo dio su olor». «Mientras el rey» es el Santo, Bendito Sea; «en su rescobdo» se refiere a ese hombre que está apegado a Él y sigue Sus caminos; «mi nardo dio su olor» son las buenas obras de él y es a causa de ellas que es retirado del mundo antes de llegar su tiempo. Y sobre esto el rey Salomón dijo: «Hay vanidad que se hace sobre la Tierra: que hay justos a quienes sucede como si hicieran obra de impíos» (*Eclesiastés* 8:14).

38. «En su rescobdo» se refiere al suceso del Monte Sinaí.

39. «Mientras el rey estaba en su rescobdo» se refiere a El Santo, Bendito Sea, cuando entregó la *Torah* a Israel, y vino al Sinaí, y numerosos carruajes estaban con Él, todos carruajes sagrados, Y todos los sagrados supremos que están asociados a la santidad de la *Torah*, estaban allí. Y la *Torah* fue entregada con llamaradas de fuego. Y todo estaba con el flanco del fuego, Y estaba escrita con fuego blanco sobre fuego negro.

---

40. Se trata del Rey inferior de abajo que creó el mundo en lo bajo según la forma de lo Alto, y que hace elevar el buen aroma supremo con el fin de regir y actuar y expresar su poder, y rige e ilumina en este mundo con la luz sublime.

41. «Mientras el rey» se refiere al Santo, Bendito Sea, tal como está escrito: «Así dijo El Eterno, Rey de Israel» (*Isaías* XLIV-6), y está escrito: «Y habrá en Ieshurún un Rey» (*Deuteronomio* XXXIII-5); «en su reclinatorio»: entre las alas de los querubines, «mi nardo dio su olor» ya que provocaron que se apartara de entre ellos.

Otra cosa: «Mientras que el rey en su rerescobdo», mientras el Santo, Bendito Sea, entregaba la *Torah* a Israel, tal como está escrito: «Él permaneció allí durante cuarenta días y cuarenta noches, y no comió pan ni bebió agua».

42. «Mi nardo» Se refiere a la Congregación de Israel, porque los de Israel dijeron: «Todo lo que ha dicho El Eterno lo haremos y lo escucharemos» (*Éxodo* XXIV-7).

14 Razimo de alcanfor,[43] mi querido a mí, en viñas de Hen-Gedi.

15 He tú hermosa, mi compañera; he tú hermosa, tus ojos palominos.[44]

16 He tú hermoso, mi querido, también suave; también nuestro lecho florido.

17 Vigas de nuestras casas alarzes, nuestros corredores Abetos.

---

43. Alcanfor se refiere al aspecto femenino superior; así como el alcanfor se adorna con varias hojas, con varios racimos para Israel, que lo comen, así la *Shekinah* suprema se adorna con varios adornos de las ocho vestimentas con varios sacrificios y con varios tipos de adornos que sirven de expiación para sus hijos. Y ella se ubica con estos delante del Rey, e inmediatamente Yo lo contemplaré para recordar el pacto eterno (*Génesis* IX-16).

44. Todas las imágenes del mundo, la totalidad de las mismas, estaban incluidas en su rostro. El cabello de su cabeza estaba marcado con la tonalidad de siete tipos de oro.

2

1 Yo lilio de la llanura,[45] rosa de los valles.[46][47][48]

---

45. Y Sharón (la llanura) no es sino el lugar del gran mar, que absorbe todas las aguas del mundo que surgen y las absorbe, e iluminan uno al otro de los modos sabidos.

46. Yo, soy una rosa del Sharón…»: se refiere a la Congregación de Israel que existe en la belleza de la beldad del Gan Eden; «del Sharón»: porque ella entona cánticos y alaba al Rey supremo. Otra cosa: «Yo, soy una rosa del Sharón», que debe ser irrigada de la irrigación del arroyo profundo, la fuente de todos los arroyos, tal como está dicho: «Y será el Sharón como una planicie» (*Isaías* XXXIII-9).

47. «Una rosa de los valles» porque se encuentra en la profundidad de todo. ¿Quiénes son los valles? Tal como está dicho: «De las profundidades clamé, El Eterno» (*Salmos* CXXX-1).

48. Cuánto ama el Santo, Bendito Sea, a la Comunidad de Israel y cómo continuamente la alaba y Ella lo alaba continuamente a Él, teniendo en reserva muchos cantos e himnos al Rey. La Comunidad de Israel se llama la lilio de la llanura porque ella florece bellamente en el Jardín del Edén, y se llama rosa de los valles porque desea ser irrigada de la corriente profunda, la fuente de río, como está dicho, «Sharón es como una Arabá», tierra seca. También se llama rosa de los valles porque ella está en el punto más bajo de todos. Primero es una rosa con hojas amarillentas, luego un lirio con dos colores, blanco y rojo, un lirio con seis hojas, un lirio que cambia de un color a otro. Cuando procura unirse con el Rey se llama «rosa», pero después de que se ha unido a él con sus besos es llamada «lilio».

---

2 Como rosa entre los espinos,[49] assí mi compañera entre las hijas.[50][51][52]

---

49. «Como rosa» se refiere a la Congregación de Israel, quien yace entre la gente como una rosa entre las espinas».

50. «¿Cuál es la rosa a la que se refiere el versículo?» Es la Congregación de Israel –*Kneset Israel*– ya que existe una rosa y existe una rosa.

51. El Santo, Bendito Sea, quiso transformar a Israel para que fueran como los de Arriba, y como una rosa en la Tierra similar a Arriba. Y una rosa que hace ascender su fragancia y es la más selecta de todas las rosas del mundo. No se refiere sino a esa que crece entre las espinas. Y esa emite una fragancia apropiada. Y por eso sembró con setenta parejas, que eran las setenta almas que salieron de los lomos de Jacob.

52. Como ya se explicó, este versículo lo dice el Santo, Bendito Sea, en alabanza de la Comunidad de Israel en Su amor y deseo de Ella, y por eso es un hombre casado quien ha de pronunciar las alabanzas del Santo, Bendito Sea, y de la Comunidad de Israel. Porque, desde que él adhiere a su esposa y dedica su afección a ella, cuando viene a servir ante el Santo Dios despierta otro amor, el del Santo, Bendito Sea, por la Comunidad de Israel. Y por esto el Santo lo bendice y lo bendice la Comunidad de Israel. Porque la Comunidad de Israel es bendecida por el sacerdote y el Israelita es bendecido por el sacerdote, y el sacerdote es bendecido por el Sacerdote Superior, como está dicho: «Y ellos pondrán mi nombre a los hijos de Israel y los bendeciré» (*Números* VI-27).

---

3 Como mançano⁵³ entre árboles⁵⁴ ⁵⁵ de la xara, assí mi querido entre los hijos; en su solombra⁵⁶ cobdicié⁵⁷ y estuve,⁵⁸ y su fruto dulce a mi paladar.⁵⁹ ⁶⁰ ⁶¹

---

53. Así como la manzana es superior en colorido a todas las otras frutas. así el Santo, Bendito Sea, se distingue de todas las otras fuerzas, superiores e inferiores.

54. «Como mançano»: se refiere a El Santo, Bendito Sea, que es deseable y se corona con Sus tonalidades más que todos los otros árboles, ya que ninguno se parece a Él. Distinguido es entre todos, ya que ningún otro es como Él.

55. ¿Por qué la Comunidad de Israel alaba a Dios comparándolo a un manzano? Porque combina todas las excelencias. Así como es curativo para todo, así es Dios curativo para todos; así como combina dos colores; sí Dios combina dos atributos; así como el manzano tiene un perfume más delicado que otros árboles.

56. «Bajo su solombra» se refiere a Betzalel, pues él preparó el Tabernáculo y lo hizo como está escrito: «me deleité y me senté».

57. «Bajo su solombra» y no en otra sombra. «Bajo su solombra» y no en la sombra del resto de los encargados. «Me deleité»: ¿cuándo? Desde el día en que Abraham vino al mundo, porque él deleitaba y amaba a El Santo, Bendito Sea con amor, tal como está dicho: «Abraham, Mi amado» (*Isaías* 41:8). «Y su fruto fue dulce a mi paladar»: se refiere a Isaac, que es el fruto sagrado.

---

58. Y ahora que nos hemos sentado a la solombra con un sosiego como éste, debemos observar que no nos hemos sentado sino a la sombra de El Santo, Bendito Sea, dentro de ese tálamo. Y debemos coronar este lugar con coronas supremas, hasta que se despierten los árboles de ese tálamo para que vengan a nosotros con otra solombra.

59. Se refiere a Jacob; «y su fruto fue dulce a mi paladar»: se refiere a José, el justo, quien generó frutos sagrados en el mundo. Y sobre esto está escrito: «Éstas son las generaciones de Jacob: José»».

60. Y por eso fue dicho acerca de Israel: «La higuera ha formado sus higos» (*Cantar de los Cantares* II-3). Se refiere a los poseedores de preceptos.

61. Pues él produce buenos frutos en el mundo. Como está escrito «de mí surgen tus frutos» (*Oseas* XIV-9). ¿Quién es el fruto? Son esas almas de los justos, que son el fruto de la obra de El Santo, Bendito Sea.

4 Trúxome a casa del vino, y su pendón sobre mi amor.

5 Asufridme con redomas (de vino),[62] esforçadme con mançanas,[63] porque enferma de amor yo.

---

62. La Comunidad de Israel habla así en el exilio. El sostén lo necesita uno que cae, y por eso la Comunidad de Israel, de quien está escrito «ella ha caído, ella no se levantará más», requiere sostén, y ella dice «Sustentadme». ¿A quién dice esto? A sus hijos que con ella están en exilio. ¿Y con qué la sostendrán? «Con pasteles de pasa»: estos son los «patriarcas», que son los primeros en ser llenados con ese buen vino guardado aparte desde la Creación; y cuando ellos están llenos, la iluminan a ella bendiciones por obra de cierto grado, o sea, el Justo, y así quien conoce cómo unificar el Nombre Santo, aunque no se otorguen bendiciones al mundo, sustenta y sostiene a la Comunidad de Israel en exilio.

63. Esto es lo mismo, y también contiene un significado intrínseco. Las pasas de uva emborrachan, pero las manzanas son sobrias. De ahí las uvas para excitar, y las manzanas para ver que la embriaguez no dañe. ¿Y por qué todo esto? Porque «yo estoy enfermo de amor» en el exilio. El que unifica el Nombre Santo debe adecuadamente juntar la Misericordia con la Justicia; y esto es lo que sostiene a la Comunidad de Israel en exilio.

---

6 Su izquierda debaxo de mi cabeça,[64][65][66][67] y su derecha me abraçará.[68][69][70][71][72][73]

64. «E Isaac se estableció junto a Beer-Lajai-Roi», es como está escrito: «Isaac tenía cuarenta años cuando tomó por mujer a Rebeca, hija de Betuel el arameo de Padán Aram, hermana de Labán el arameo» (*Génesis* XXV-20), y se estableció con ella y se unió a ella, la oscuridad, con la noche, como está escrito: «Su mano izquierda debajo de mi cabeza».

65. Si para mal, desde el costado de la izquierda el Juicio severo se despierta, como está dicho: «Desde el Norte el mal comenzará sobre todos los habitantes de la tierra» (*Jeremías* I-14). Ciertamente es «casa de Elohim».

66. Esto significa que si el Santo, Bendito Sea, ofreciera a los ángeles todo el haber de Su casa en lugar de Su unión con la Comunidad de Israel, ellos lo desdeñarían, pues ellos sólo tienen gozo en la hora cuando la Comunidad de Israel se une con el Santo, Bendito Sea.

67. Cuando un hombre pone la filacteria de su mano, ha de extender su brazo izquierdo como acercando a sí la Comunidad de Israel y abrazarla con su brazo derecho, de modo de copiar el modelo superior, como está escrito, «Su izquierda debaxo de mi cabeça y su derecha me abraçará» porque entonces el hombre ese es totalmente santificado.

68. Y por eso: «y ella se casó conmigo» con hermandad y amor, como está escrito: «su derecha me abraçará». ¡Y todo es un misterio de sabiduría! La oscuridad y la noche son como uno, y la izquierda siempre despierta amor hacia lo femenino y la aferra. Luego llegó Jacob y mantuvo relaciones y engendró a doce tribus.

69. Ven y observa: cuando Abraham vino al mundo, abrazó a la Luna y la acercó a Él. Cuando Isaac llegó, la tomó a Ella y se aferró a Ella apropiadamente, atrayéndola con amor, tal como está escrito: «dicho "Su izquierda debaxo de mi cabeça". Cuando Jacob vino, entonces el Sol se unió a la Luna, y se iluminó. Entonces Jacob resulta completo en todos los flancos. Llegó Jacob y mantuvo relaciones y engendró a todo apropiadamente.

70. Y ésta es una única unificación y un único vínculo. Y cuando se trata de un único vínculo, entonces se colma su grado y es bendecido. Y cuando se colma, todos esos abrevaderos se colman a partir de los cuatro flancos del mundo. Y todos los rebaños reciben su bebida, cada uno y uno en su propio flanco. Si para mal, desde el costado de la izquierda se despierta el Juicio severo, como está dicho: «Desde el Norte, el mal».

71. Y por ello: «Tu mano derecha me sostiene». Y una vez que se aferró al Santo, Bendito Sea, entonces está escrito: «Su mano izquierda debajo de mi cabeza, y su mano derecha abrazándome y ésta es una única unificación y un único vínculo. Y cuando se trata de un único vínculo, entonces se colma su grado y es bendecido. Y cuando se colma, todos esos abrevaderos se colman a partir de los cuatro flancos del mundo. Y todos los rebaños reciben su bebida, cada uno y uno en su propio flanco.

72. Y entonces se unen lo masculino con lo femenino, y el deseo se encuentra y los mundos son bendecidos por su intermedio, y los supremos y los inferiores se alegran.

73. La derecha significa el sur, y la izquierda el norte. Este misterio nos lo enseña el Santo, Bendito Sea, que así coloca Su cama entre el norte y el sud, y así ha de hacer el hombre, como mi padre me enseñó, a fin de irle le nazcan hijos varones.

7 Conjuro a vos, hijas de Yerusalaim, por gama o por corças del campo,[74] si despertardes o si fizierdes despertar al amor fasta que envolunte.

8 Boz de mi querido, he este vinién, saltán sobre los montes, saltán sobre los collados.

9 Asemeja mi querido a gamo o Enodio de los ciervos; he están d'en pos nuestra pared,[75] catán de las ventanas, [76][77] asechán de las rexas.

10 Respondió mi querido, y dixo a mí: levántate a ti, mi compañera, mi hermosa, y anda a ti.

11 Porque he el invierno passó, la lluvia passó, andó a ella.

---

74. «Corças del campo»: son el resto de los ejércitos y campamentos en lo bajo.

75. Es el principio de la fe de todo el mundo; «ya sea desde Rosh Senir y Jermón»: del sitio del cual la *Torah* salió al mundo.

76. Y esas son las ventanas de los ojos, las orejas, los orificios de la nariz y la boca. A través de estos siete orificios el alma asciende por siete tipos de fragancias.

77. El Santo, Bendito Sea abre entradas en él para apiadarse de todos. Y cuando, examina el mundo, examina a través de esas ventanas y después en esas hendiduras apiada de todos.

---

12 Los hermollos [78] [79] [80] [81] aparescieron en la tierra, [82] [83] hora del cántico (de las aves) llegó, [84] [85] [86] [87] y boz del tortol [88] [89] fue oída [90] en nuestra tierra. [91] [92]

---

78. «Los hermollos» se refiere a los primeros seis días de la obra de Creación –*Maasé Bereshit*–.

79. Otra interpretación: «Los hermollos» se refiere a los Patriarcas al ascender al Pensamiento y al ascender al Mundo Venidero y ser guardados allí. Y de allí salieron en secreto y se ocultaron dentro de los profetas verdaderos. José nació y ellos se ocultaron en él. Cuando entró José en la Tierra Santa, los estableció allí, y entonces «aparescieron sobre la Tierra» y allí se revelan.

80. «Los hermollos aparescieron en la Tierra» es el misterio de los seis grados (de ella, y es la séptima, y estos son los seis grados: el grado de Abraham, el grado de Isaac, y el grado de Jacob, Iajin y Boaz, José. Todos aparecieron sobre la Tierra, tal como está escrito «aparescieron en la Tierra», sobre la Tierra es la ciudad sagrada de la Tierra de Israel), «aparescieron en la Tierra» porque éstas son las formas que aparecen en ese nivel. «El tiempo del canto ha llegado»: porque entonces alaba y ensalza, como está dicho: «Para cantar Tu gloria y no permanecer mudo» (*Salmos* XXX:13). Por esto es denominado «canto» –*mizmor*–, como se ha enseñado que está escrito: «Canto de David» (*Salmos* XXX:13) indicando que al principio sobre ella reside la Presencia Divina, y esto es «el tiempo del canto ha llegado». Rabí Jía dijo: porque entonces llegó el momento de entonar la alabanza.

81. Cuando fue creado Adán, todo apareció en el mundo y la Tierra reveló sus frutos y sus poderes que fueron depositados dentro de ella. Los Cielos no daban su poder a la Tierra hasta que llegó Adán, como está escrito: (*Génesis* II-5).

82. «Aparescieron en la Tierra». ¿Cuándo? En el tercer día.

83. «Los hermollos aparecieron en la Tierra»: cuando El Santo, Bendito Sea, creó el mundo, otorgó a la Tierra de todo el poder que le era necesario, y todo existía en la Tierra, pero ella no hizo surgir frutos en el mundo hasta que fue creado Adán. Cuando fue creado Adán, todo apareció en el mundo y la Tierra reveló sus frutos y sus poderes que fueron depositados dentro de ella.

84. «Hora del cántico llegó» se refiere al cuarto día que fue el tiempo del canto de los tiranos (*Isaías* XXV-5).

85. Otra interpretación: cuando se descubre el arco iris ante el mundo, pues en el momento en el que se descubre el arco iris entonces ellos se revelan, y en ese momento «el tiempo del canto ha llegado», es decir, en el tiempo de podar a los malvados del mundo.

86. Cuando El Santo, Bendito Sea, le dijo que se circuncidara, cuando llegó ese momento en que el que el pacto se encontró en él, en Abraham, y fue circuncidado, entonces se cumplió en él todo este versículo y el mundo asumió existencia, y la palabra de El Santo, Bendito Sea, le fue revelada tal como está escrito: «El Eterno se le apareció a él (*Génesis* XVIII-1). Una vez que fue circuncidado, inmediatamente «los brotes aparecen sobre la Tierra»: estos son los grados inferiores que hizo surgir y estableció este grado inferior.

87. «Hora de cántico ha llegado»: éstas son las ramas del prepucio.

88. «La boz del tortol» se refiere al quinto día, tal como está escrito: «Que proliferen las aguas seres vivos y que aves vuelen sobre la Tierra para producir criaturas».

89. En el libro de *Agadá* se dijo: «¿la voz de la tórtola? Así como el polluelo de tórtola posee una voz agradable, así también la voz de la *Torah* es agradable. Y ésta será la voz que habrá y se escuchará cuando llegue el Mesías en el Día de Juicio.

«Los hermollos», se refiere a la *Torah* oral, porque la *Torah* escrita, los patriarcas del carruaje que se incorporarán en el mundo y serán vistos en la Tierra; «el tiempo del canto ha llegado», se refiere a la alabanza que entonarán los Levitas cuando regresen a su servicio espiritual en el Templo, como en un principio; «la voz de la tórtola» es el misterio de lo escrito «que Dios me dio por esto», lo cual alude al aspecto masculino de la *Torah,* sin especificar.

Se enseña que la voz de la tórtola es la instrucción de la *Torah* que es agradable como la voz de la tórtola.

90. «Fue oída» se refiere al sexto día, tal como está escrito: «Hagamos un hombre», el cual en un futuro haría que el «hacer» preceda al «oír», tal como está escrito aquí, «Hagamos un hombre» y está escrito allí, «Haremos y oiremos» (*Éxodo* XXIV-7).

91. «En nuestra Tierra» se refiere al día del *Shabbat,* el cual es el paradigma de la Tierra de la Vida.

92. Es la voz que emana de lo más íntimo de todo. Y esa voz «se escucha», y es una voz que corta la palabra para hablar y la hace perfecta.

13 La higuera apuntó sus higos, y las vides de encierne dieron olor; levántate a ti, mi compañera, mi hermosa, y anda a ti.

14 Mi paloma en resquicios de la peña,[93] en encubierta del escalón, fazme ver tu vista, fazme oír tu boz, porque tu boz sabrosa y tu vista desseable.[94]

15 Travad a nos raposas, raposas pequeñas, dañantes viñas; y nuestras viñas en cierne.

---

93. «Mi paloma» se refiere a la Congregación de Israel; «en resquicios de la peña» refiere a Jerusalén, la que está por encima de todo el mundo. Así como una roca es suprema y poderosa sobre todo, así Jerusalén es suprema y poderosa sobre todo; «en encubierta del escalón»: se refiere al lugar llamado Santo de los Santos, corazón de todo el mundo. Y debido a esto está escrito: «en encubierta del escalón» porque allí se ocultaba la Presencia Divina, como una mujer que es recatada para su esposo, y no sale de su casa hacia fuera, tal como está dicho: «Tu esposa como una viña fructífera en los descansos de tu hogar» (*Salmos* CXXVIII-3). Así la Congregación de Israel no habita fuera de su lugar, «en encubierta del escalón», sino en tiempos de exilio, cuando ella está exiliada, y debido a que está exiliada el resto de los pueblos tienen más bienestar y tranquilidad.

94. La «paloma» aquí es la Comunidad de Israel, que como una paloma nunca abandona a su pareja, el Santo, Bendito Sea. «En las grietas de la peña»: son los estudiosos de la *Torah* que no tienen holgura en este mundo. «En los escondrijos del precipicio»: son los especialmente piadosos de entre ellos, los que santamente temen a Dios y de ante quienes nunca se aparta la Presencia Divina.

16 Mi querido a mí, y yo a él,[95] él apascentán entre las rosas.[96] [97] [98] [99] [100]

---

95. Para que no se mezcle otro entre nosotros.

96. El apascentán entre las rosas aunque los espinos las rodean. Y no hay otro que puede apacentar a las rosas como Él. Otra cosa «Quien apacienta entre las rosas»: así como este rosal, él es rojo y sus aguas blancas, así El Santo, Bendito Sea, conduce a Su mundo: de la medida del juicio a la medida de misericordia. Y está escrito: «si vuestros pecados fueren como la grana, como la nieve serán emblanquecidos...» (*Isaías* I-18).

97. Olfateó Rabí Aba esa rosa. Dijo: evidentemente el mundo no se mantiene sino por el aroma, pues yo observo que el alma no se mantiene sino por el aroma.

98. «Mi amado es mío y yo suya; él apascentán entre las rosas. ¿Quién provocó que yo fuera de mi amado y mi amado mío? Pues Él conduce a su mundo «entre las rosas». Así como la rosa posee aroma y es roja, puede ser arrojada, y se transforma en blanco, y jamás el aroma se aparta, así El Santo, Bendito Sea, conduce su mundo de este modo, pues de no ser así no existiría el mundo para hombre que peca; y el pecado es denominado «rojo», tal como está dicho: «... Si vuestros pecados fueren como la grana, como la nieve serán emblanquecidos...» (*Isaías* I-18).

99. «Quien apacienta entre las rosas»; así como este rosal, él es rojo y sus aguas blancas, así El Santo, Bendito Sea, conduce a su mundo: de la medida del juicio a la medida de misericordia.

100. Así como las rosas, las espinas se encuentran entre ellas, también el Santo, Bendito Sea, conduce a Su mundo entre justos y malvados. Así como las rosas, de no ser por las espinas, las rosas no podrían existir, así de no ser por los malvados los justos no serían reconocidos, ya que dijo Rabí Iehuda: ¿cómo son reconocidos los justos? Gracias a los malvados, pues si no fuera por los malvados los justos no serían reconocidos. Quienes conducen Su mundo en seis años y el séptimo es *Shabbat* para El Eterno. Otra cosa «entre las rosas»: a través de quienes se dedican al estudio de la *Torah*.

---

17 Mientras que asopla el día,[101] [102] [103] y huyen las solombras,[104] [105] [106] buélvete, asemeja a ti, mi querido, a corço o a Enodio los ciervos sobre montes de división.[107]

---

101. «Mientras que asopla el día»: es una advertencia para la persona mientras se encuentra en este mundo que su ida es como un abrir y cerrar de ojos. Ven y observa: ¿qué está escrito? «Y si viviese mil años...» (*Eclesiastes* VI-6), en el día de su muerte, todo lo que vivió es considerado como un día para él. Dijo Rabí Shimon: el alma de un hombre le advierte y le dice: «antes de que oscurezca el día» Te parecerá ante tus ojos como un abrir y cerrar de ojos, mientras aún te encuentras en este mundo «y se marchen las sombras». Tal como está escrito: «...como la sombra de nuestros días sobre la Tierra (*Job* VIII-9). Por favor te pido, «retorna, y parécete a un Ciervo...».

Dijo Rabí Shimón ben Pazi: ésta es una advertencia para el hombre mientras se encuentra en este mundo de que éste es como un abrir y cerrar de ojos. Así como el ciervo es ligero con sus patas, también tú sé ligero como un ciervo o como una joven gacela para cumplir la Voluntad de tu Creador, para que heredes el Mundo Venidero, que es «un monte de fragancia». Y es el denominado «el monte de El Eterno», «el monte del placer», «el buen monte».

102. «Mientras que asopla el día»: este versículo fue dicho sobre el exilio de Israel, pues ellos serán sometidos en el exilio hasta que concluya ese día de gobierno de las naciones, tal como fue enseñado que Rabí Itzjak dijo: mil años de gobierno de todas las naciones, juntas, sobre Israel. Y no existe nación que no los haya sometido. Y un día es equivalente tal como está escrito: será un día, el cual es conocido por el Eterno». (*Zacarías* XIV-7)

---

103. Otra cosa: «asopla el día»: antes de que despunte ese día de las naciones, «y huyen las solombras»: esos que ejercieron su dominio sobre ellos; «Yo iré al Monte de Mor»: dijo el Santo, Bendito Sea: iré a sacudir y las naciones de Jerusalén, que el Monte de Mor, tal como está escrito: «en el Monte de Moriá que se encuentra en Jerusalén; «a la colina de Levoná» se refiere al Templo de Tzión, tal como está escrito sobre él: «De bellas alturas, deleite de toda la tierra, el monte de Sión...» (*Salmos* XLVIII-3), tal como está dicho: «Para que tome los confines de la tierra, y para que sean sacudidos de ella los malvados» (*Job* VIII-13):

104. ¡Cuán cuidadosas han de ser las personas con sus pecados, para no pecar ante su Amo! Pues cada día sale un heraldo y clama: moradores del mundo, despertad vuestros corazones ante El Rey sagrado, despertad para cuidaros de vuestros pecados. Despertad al alma sagrada que os ha dado en vuestro interior del lugar sagrado supremo.

105. Es una advertencia para esa alma para que se cuide de pecar, y regrese para purificarse hasta antes de que decline el día de ella en este mundo, y llegue ese día severo en el que el Rey la convocará a juicio para sacarla de este mundo.

106. Éste es un misterio entre los compañeros, quienes dicen que cuando llega el momento en el que la persona ha de salir del mundo, la Imagen de la persona se aparta de ella. A esto se refiere lo que está escrito: «Mientras que asopla el día». Antes de que se precipite el día en el que ha de salir de este mundo. «Y huyan las sombras», pues se aparta de él la Imagen. Esas imágenes se apartan de él, y él es prendido con grilletes. Su arrepentimiento se considera válido. Pero no es considerado tan válida como cuando está en su plenitud. Y el rey Salomón pregonó y dijo: «Acuérdate de tu Creador en los días de tu juventud, antes que vengan los días del mal» (*Eclesiastés* XII-1).

Pues la persona debe rectificar sus acciones. Ya que cuando llegan los días de irse del mundo, El Santo, Bendito Sea, se sorprende de él, y dice: «Si una persona pecare al aceptar una demanda de juramento y es testigo, ya sea porque vio o porque sabía, y no habla, cargará con su iniquidad» (*Levítico* V-1).

107. Y estos apodados «Montes de Beter», son los «Montes de la escisión».

3

1 Sobre mi yazida, en las noches, busqué al que amó mi alma; busquélo, y no lo fallé.[108]

2 Levantarme e agora, y arrodearé por la ciudad; por las calles y por las plaças buscaré el que amó mi alma; busquélo, y no lo fallé.

3 Falláronme los guardadores, los arrodeantes en la ciudad; ¿el que amó mi alma vistes?

4 Como poco que passé dellos fasta que fallé el que amó mi alma; asílo, y no lo afloxé, fasta que lo truxe a casa de mi madre y a cámara de mi agüela.

5 Conjuro a vos, hijas de Yerusalaim, por gamas o por ciervas del campo, si despertardes o si fizierdes despertar al amor fasta que envolunte.

---

108. Este versículo lo dice la Comunidad de Israel que en el exilio yace en el polvo, en un extraño país impuro, y por eso se queja de su cama y busca «al que amó mi alma» para librarla de allí; «busquélo, y no lo fallé», porque no es de su modalidad el unirse con ella si no es en su templo. Ella lo llama y él no contesta, porque Ella reside entre otros pueblos y solamente sus hijos oyen su voz.

6 ¿Quién está subién del desierto, como colunas de humo,[109] [110] [111] saffumada de mirrha[112] y encienso, de todo polvo[113] de especiero?[114]

---

109. ¿Qué son los *Timrot*? Son los que se elevan en el humo del sacrificio y se rectifican con él. Por esto son llamados: «*Timrot* –colunas– de humo».

Y todas existen en su rectificación por la labor del hombre, lo que no sucede en el caso de la hierba que está destinada a ser comida, como está escrito: «He aquí el animal que he creado contigo, él come hierba como el ganado» (*Job* XL-15).

110. Así como el humo asciende con tonalidad blanca y negra, también aquí todo está incluido en ella en la mitad de la noche, para que realice su conducción y su acción en un mismo momento.

«¿Quién ésta subién»? Ven y observa: cuando Israel anduvieron por el desierto, la *Shekinah* marchaba delante de ellos, y ellos marchaban detrás de Ella, tal como está escrito: «El Eterno iba delante de ellos, de día en una columna de nube, para guiarlos por el camino, y de noche en una columna de fuego, para iluminarlos.

111. Así como el humo asciende con tonalidad blanca y negra, también aquí todo está incluido en ella en la mitad de la noche, para que realice su conducción y su acción en un mismo momento. Y mientras no se había dividido esa noche no realizaba su función.

112. El Santo, Bendito Sea, pregunta respecto a ella: «¿Quién es ésta que asciende del desierto sahumada de mirra y de incienso ¿Quién es ésta? Ciertamente. Pues del flanco de *Mi* que ciertamente es la Binah, que incluye las siete especies aromáticas.

113. ¿Qué era ese polvo? Dijo Rabí Itzjak: era la *Shekinah* que se había revelado allí, «Ascendía del desierto como columna de nube».

114. Dijo Rabí Itzjak: debido a que el alma merece entrar a las puertas de Jerusalén de lo Alto, Mijael, el gran ministro espiritual, marcha con ella y le presenta un saludo –*shalom*–. Los ángeles servidores se sorprenden ante él y preguntan sobre ella: ¿Quién está subién del desierto? (*Cantar de los Cantares* III-6). Es decir, quién es la que asciende entre los supremos de un cuerpo destruido, parecido a lo vano, tal como está escrito: «Un hombre se parece a lo vano» (*Salmos* CXLIV-4). Él, responde y dice: «Una ella mi paloma, mi perfeta, una es para su madre» (*Cantar de los Cantares* VI-9): «Una ella»: particular es; «una ella a su madre»: para su madre es el Trono de Gloria, que es la Madre del alma y la dio a luz, pues se originó en Ella. «La vieron las jóvenes, y la llamaron bienaventurada»: éstas son el resto de las almas que se encuentran en su nivel, en lo Alto, y son las denominadas «las hijas de Jerusalén». Como está escrito: «Todo el Monte de Sinaí estaba humeante, porque El Eterno había descendido sobre él en el fuego; su humo subía como el humo de un horno». (*Éxodo* XIX-18)

7 He su lecho[115] que a Selomoh,[116] sesenta barraganes derredor a él, de barraganes de Ysrael.[117] [118] [119]

8 Todos ellos travantes espada, abezados de pelea, cada uno su espada sobre su lado por pavor en las noches.[120]

---

115. «He su lecho»: se refiere a la *Shekinah*.

116. «La cabecera de la cama» ¿quién es? Es el Fundamento del mundo, que es la cabecera del lecho sagrado: «hacia la cabecera» se refiere a Israel, que se ubica en la cabecera de la cama.

117. Ellos eran los barraganes desde la antigüedad. Rabí Aja dijo que todos, los barraganes y los caídos, son denominados «hijos de Elohim».

118. Que es un rey a quien pertenece la paz; «sesenta barraganes derredor a él» son los sesenta mil ángeles de los Alto, soldados de la *Shekinah*, que descendió con Jacob a Egipto; Israel de lo Alto. Tal como está escrito: «Y estos son los nombres de los Hijos de Israel…»; «vino cada hombre con su casa»: ellos y sus sirvientes.

119. Hemos aprendido que cuando los israelitas hicieron votos de descubrir la santa impresión en su carne, con la circuncisión, la «espada que ejecutó la venganza del pacto» reunió todas sus fuerzas y armamento para hacer la guerra a Sisera, y las estrellas derramaron fuego del cielo como está dicho: «Los astros desde sus órbitas lucharon con Sisera» (*Jueces* V-20).

120. Se refiere al temor del Infierno, por lo que está dicho «en las noches».

---

9 Tálamo[121] [122] fizo a él el rey Selomoh,[123] de maderos del Lebanon.
10 Sus pilares fizo de plata, su enlosamiento de oro, su silla de púrpura, su medio abrasado de amor por hijas de Yerusalaim.

---

121. El tálamo designa la rectificación del mundo de lo bajo por el mundo de lo Alto, porque antes de que el Santo, Bendito Sea, creara el mundo Su Nombre se encontraba encerrado en Él, y no existía nada.
122. Dijo Rabí Shimón: aquel que merece conseguir ese *tálamo*, es merecedor de todo. Y también se hace merecedor de sentarse con sosiego a la sombra de El Santo, Bendito Sea. Como está dicho: «en su solombra cobdicié, me deleité y me senté» (*Cantar de los Cantares* II-3).
123. Los «sabios», ellos mismos son los pilares y el soporte supremos que observan atentamente por todo lo que requiere ese tálamo y sus soportes sin aguardar que lo solicite, y sobre este misterio está dicho: «Bienaventurado el que piensa en el pobre» (*Salmos* XLI-2).

---

11 Salid y veed, hijas de Zion,[124] en el rey Selomoh,[125] [126] con la corona[127] [128] que encoronó[129] a él su madre, en día de su desposorio y en día de alegría de su coraçón.[130]

---

124. ¿Y quién puede ver al rey Salomón, que es el rey a quien pertenece la paz? ¡Y he aquí que es el oculto de todos los poderes supremos de lo Alto! En este sitio ni el ojo ha visto ningún Dios fuera de ti (*Isaías* LXIV-3). «Salid, doncellas de Sión, y ved al rey Salomón. Y además ya que sobre su gloria, todos los ángeles de lo Alto preguntan y dicen: «¿dónde está el sitio de su gloria?». Sino que lo dicho: «Salid, doncellas de Sión, y ved al rey Salomón acerca de la corona está escrito y no está escrito «y a la corona» que todo el que observa esa corona, por su intermedio observa el encanto del rey a quien pertenece la paz, que le coronó su madre, he aquí que estudiamos la denomina hija, la denomina hermana, la denomina madre. Y todo es y todo es. Quien observe y medite en ello, meditará y llegará a saber acerca de esta preciada sabiduría.

125. «En el rey Selomoh»: al rey a quien pertenece toda la paz. Ésta es la madre de Salomón tal como está escrito: «Bat Sheva, la madre de Salomón» (1 *Reyes* I-11) y está escrito: «y aumentó la sabiduría de Salomón» (1 *Reyes* V-30): la sabiduría de Salomón es la madre de Salomón.

---

126. «Salid para observar la gloria del rey», y entonces al Otro Lado no le es cómodo observar, y se aparta de ella.

127. Es decir, «los Cielos», para que se incluyan uno a otro y se unan uno con el otro, para mantenerse como uno en esta «vida del rey», el rey sin otro calificativo, para que de él se nutran los Cielos.

128. ¿Qué es: «la corona»? Dijo Rabí Itzjak: como está escrito: «Y Saúl y sus hombres coronaban a David» (1 *Samuel* XXIII-26).

129. ¿Qué es la corona? ¿Dijo Rabí Itzjak: como está escrito: «Y Saúl y sus hombres coronaban a David» (1 *Samuel* XXIII-26), ya que se coronó con blanco, rojo y verde, con todas las tonalidades que todas están incluidas en él y le rodean.

130. «En el día de su despposorio» se refiere al tiempo de la entrega de la *Torah*; y «en el día de la alegría de su coraçón», se refiere a la construcción del Templo, que sea reconstruido en nuestros días.

4

1 He tú hermosa, mi compañera; he tú hermosa, tus ojos palominos; de dentro a tu crencha, tu cabello como rebaño de las cabras que se pelan de monte de Gilhad. **2** Tus dientes como rebaño de las iguales que subieron del baño, que todas ellas fazientes mellizos, y deshijada no en ellas. **3** Como hijo de la grana tus labrios, y tu habla desseable;[131] como pedaço de la granada tu sien de dentro a tu crencha.[132]

---

131. Porque la voz la conduce en su habla y no hay voz sin habla y esa voz es enviada desde un sitio profundo de lo Alto y es enviada desde delante para conducir el habla pues no hay voz sin habla, y no hay habla sin voz.

132. Enseñaron los sabios: el alma del hombre, cuando asciende de la Tierra al firmamento, y se halla junto al esplendor supremo, tal como fue dicho, entonces el Santo, Bendito Sea, la visita.

---

4 Como torre de David tu cuello,[133] [134] [135] fraguada para abezamientos; mil escudos[136] colgados sobre ella, todos escudos de los barraganes.

---

133. «Una ciudad y una torre»: se refiere a la Sabiduría suprema. Pues sabían que el Nombre Santo no prevalece en la Tierra sino en la ciudad y la torre. La ciudad, como está escrito: «La ciudad de David es Sión» (1 *Reyes* 8:1), y la torre, como está escrito: «Tu cuello es como la torre de David» (*Cantar de los Cantares* 4:4).

134. ¿Quién es la torre de David? Es la torre de David, ciertamente, que construyó David, y la elevó dentro de Jerusalén. Pero «como» la torre de David se refiere a Jerusalén de lo Alto, sobre lo que está escrito: «Una torre poderosa es el Nombre de El Eterno, a él correrá el justo y se fortalecerá» (*Proverbios* XVIII-10). ¿Qué significa *«nisgav»?* Esa torre se fortalecerá, debido a que a ella correrá el justo.

135. Esto se refiere al Templo de lo bajo puesto que se encuentra arreglado bellamente como el cuello con respecto al cuerpo. Tal como el cuello implica la belleza de todo el cuerpo, de igual modo el Templo es la belleza del todo el mundo; «construida bellamente» la colina a la que todos los hombres observan.

136. Mil escudos están colgados en ella». Todo el tiempo que entablaba una batalla, esa marca ascendía y sobresalía. Y esta letra *alef* cascabeleaba sobre la torre, y entonces se fortificaba para entablar la batalla. Cuando salía para entablar batalla, cascabeleaba ese león, y entonces se fortificaba como un león y triunfaba en la guerra. Y esa torre corría. Y la señal de esto: a él correrá el justo y prevalecerá» (*Proverbios* XVIII-10). David prevalecía sobre sus enemigos, pues no podían con él. Y de estas señales y estas marcas estaban en el brazo izquierdo. Pero la marca de otra persona no era así.

---

5 Dos tus tetas[137] como dos Enodios mellizos de corça, los pascientes entre las rosas.

6 Mientras que asopla el día, y huyen las solombras, andaré a mi monte de la mirrha y a collado del encienço.

7 Toda tú hermosa, mi compañera, y mácula no en ti.

---

137. Y cuando los dos espíritus se expanden éste en éste con aprecio, entonces vuelve este palacio y es denominado «Palacio de *Ahavah*»: Palacio del Amor. Este palacio permanece siempre en su existencia y está reservado en el misterio de los misterios para quien necesita apegarse él. Y aquí está escrito: «Allí te daré mis amores» (*Cantar de los Cantares* VII-13).

8 Comigo de Lebanon novia,[138] comigo del Lebanon vernás;[139] [140] [141] [142] catarás de cabeço de Amanah, de cabeço de Senir y Hermon, de moradas de leones, de montes de tigres. [143]

---

138. «Conmigo del Lebanon, novia. «Del Lebanón»: del sitio del Edén, el cual es de tonalidad blanca en todos sus aspectos; «la novia» es la *Shekinah*, pues es una novia en el palio nupcial.

139. Rabí Abahu abrió con este versículo: «Comigo de Lebanon novia, comigo del Lebanon vernás». Dijo Rabí Abahu: considerando que el cuerpo es reconstruido y es traído para recibir su alma aen la Tierra de Israel, el alma lo espera y sale a su encuentro tal como está dicho: «Isaac salió a orar en el campo.

140. El descenso de la *Shekinah* al exilio de Egipto.

141. Se refiere a la garganta, pues de allí surge el espíritu. «Conmigo del Lebanón vendrás» para que tus hijos reciban la *Torah*.

Y Rabí Shimón dijo: este versículo fue pronunciado sobre el misterio de la fe: «conmigo del Lebanón, la novia». La voz le dijo a la palabra: «conmigo», debido a que esta voz viene a la palabra y la conduce para estar con ella, como una, sin ninguna separación.

142. En el momento en que la *Shekinah* descendió a Egipto, descendieron con ella seiscientos mil ángeles sirvientes, y el Santo, Bendito Sea, descendió en un comienzo. Tal como está escrito: «Y pasó el Rey ante ellos…» (*Miqueas* II-13). «Del Lebanón»: del sitio del Edén, el cual es de tonalidad blanca en todos sus aspectos, «la novia»: es la *Shekinah*, pues es una novia en el palio nupcial.

143. «De cabeço de Senir y Hermon» se refiere a la lengua, el comienzo y el medio que cortan el habla. «de moradas de leones», se refiere a los dientes, «de montes de tigres» se refiere a los labios, que representan la completitud a través de los cuales se completa el habla».

9 Desacoraçonásteme, mi hermana novia, desaco-raçonásteme con uno de tus ojos, con una sarta de tu cuello.

10 Quánto se afermosiguaron tus querencias, mi hermana novia, quánto se aboniguaron tus querencias más que vino, y olor de tus olios más que todas especias.

11 Panal gotean tus labrios, novia; miel y leche debaxo de tu lengua, y olor de tus paños como olor de Lebanon.

12 Huerto cerrado[144] [145] mi hermana novia, alberca cerrada, fuente sellada.[146]

---

144. «Huerto cerrado eres» porque todo está incluido en él.

145. «Una fuente cerrada» se refiere a la Congregación de Israel, que es una fuente cerrada.

Porque dijo Rabí Eleazar: así como ese jardín debe ser cuidado y trabajado y regado, así la Congregación de Israel debe trabajar y cuidar y regar. Y es denominada «jardín» y es denominada «viña». Así como esta viña debe ser trabajada y regada, y podada y cavada así Israel, tal como está escrito: «Pues la viña de El Eterno de los Ejércitos es la Casa de Israel» (*Isaías* V-7). Y está escrito: «Y lo cercó y le quitó las piedras dañinas» (*Isaías* V-2).

146. Las fuentes selladas son los ríos que se reúnen y entran en el interior y la colman, como está escrito: «Tus ramas vergel de granadas» (*Cantar de los Cantares* IV-13).

13 Tus ramas vergel de granadas con fruto de mejorías, alcanfores con nardos.

14 Nardo y açafrán, canela y cinamomo, con todos árboles de encienço, mirrha y aloes con todas principales especias. [147]

---

147. 1. «shir», 2. «ushbajá», 3. «halel», 4. «vezimrá», 5. «oz», 6. «umemshala», 7. «netzaj», 8. *«guedulá»*, 9. «uguevurá», 10. «tehilá», 11. «veTiferet», 12. «kedushá», he aquí doce. Y después debe unírsela con ellos y pronunciar 13. «umaljut». He aquí trece, debido a que ella es bendecida a través de ellos.

15 Fuente de huertos,[148] pozo de aguas manantes,[149]
[150] y destillantes de Lebanon.[151]

---

148. ¿No hay entonces aquí otras fuentes fuera de las de los jardines? Pero, hay una diferencia en el beneficio que confieren. Si una fuente derrama agua en el desierto, en un lugar seco, ella es benéfica para uno que está sentado junto a ella y bebe de ella. Pero cuán buena y preciosa es una fuente de jardines, porque beneficia a hierbas y plantas, y aquel que se acerca a ella obtiene beneficio, no sólo del agua, sino también de las hierbas y plantas. Esa fuente está adornada, teniendo muchas flores fragantes en su derredor, de modo que es verdaderamente una «fuente de aguas vivas».

149. La idolatría, se denomina «Pozos quebrados», pues son aguas amargas, aguas turbias, reunidas, putrefactas y sucias. Ven y observa: cuando el sirviente llegó a Jarán y encontró a Rebeca al atardecer, era la hora del rezo de la tarde. Y a esa hora que llegó Itzjak a pronunciar el rezo de la tarde, a esa hora llegó el sirviente hasta Rebeca; y a esa hora que llegó Itzjak al rezo de la tarde, como el anterior, llegó Rebeca a él para que todo se encontrara en el lugar necesario, como es debido. Y todo llegó por el misterio de la sabiduría; y por eso llegó ese sirviente a la fuente de agua, misterio de lo escrito: «un manantial de jardines, un pozo de aguas vivientes, y fluyen del Líbano», como ha sido explicado, y todo es un misterio.

150. Fuente de huertos se refiere a Abraham; pozo de aguas manantes se refiere a Isaac; destillantes de Lebanon se refiere a Jacob.

151. Y ¿qué es una fuente? Es la *Shekinah; Lajai,* es el Viviente de los Mundos, El Justo Viviente de los Mundos, y no deben ser separados. Él vive en dos mundos: vive en lo Alto, el Mundo superior y vive en el inferior. Y el mundo inferior debido a él existe e ilumina.

16 Despierta Aquilón,[152] y vien Austro; asopla mi huerto, estillen sus especias; venga mi querido a su huerto, y coma fruto de sus mejorías.

---

152. «Despierta Aquilón»: las ofrendas ígneas que se degollaban ritualmente en el norte.

5

1 Vine a mi huerta,[153] mi hermana novia;[154] cogí mi mirrha con mi especia, comí mi panal con mi miel, beví mi vino con mi leche; comed compañeros, beved y emborrachadvos queridos.[155] [156] [157] [158]

---

153. Porque todas las ofrendas cuando ascienden van al jardín del Edén al comienzo del sacrificio cuando un hombre confiesa sobre él sus pecados y es como si su propia sangre fuera derramada sobre el altar.

154. «He venido a mi huerta» se refiere al jardín del Edén de lo Alto. «Mi hermana, novia» se refiere a la Congregación de Israel.

155. Este versículo, su comienzo es distinto de su final, y su final distinto de su comienzo. Está escrito: «cogí mi mirrha con mi especia, comí mi panal con mi miel, beví mi vino con mi leche» y después está escrito: Aquel que invita a otro, lo hace cuando el alimento está dispuesto ante él. Después de haber comido, ¿cómo ha de invitar otro? Bienaventurados ellos, los Hijos de Israel, pues El Santo, Bendito Sea, deseó purificarlos y los eligió de entre todas las demás naciones Y dado que los eligió, deseó apartarlos de todos los acusadores del mundo.

156. Se refiere a todos los poseedores de clamor y quebranto.

157. Bebed abundantemente de ese vino que sacia a todos.

158. Se refiere al alimento de lo Alto, que es el deleite del Santo, Bendito Sea. Y este deleite se posa en el lugar que se posa, cuando asciende el aroma de las ofrendas.

---

2 Yo adormida, y mi coraçon despierto;[159] boz de mi querido batién: abre a mí, mi hermana,[160] mi compañera, mi paloma, mi perfeta,[161] que mi cabeça es llena de rocío, mis guedejas de gotas de noche.

---

159. La Comunidad de Israel dice: yo dormía en la cautividad de Egipto, cuando mis hijos eran cruelmente oprimidos, pero mi corazón estaba despierto para preservarlos de manera que no perecieran bajo la opresión.

160. Y debido a esto Abraham siempre la llamaba «mi hermana». ¿Y es que así era? Todo lo dijo en referencia a la *Shekinah:* «Ella es mi hermana», como está escrito: «Dile a la sabiduría: tú eres mi hermana, que se adhería a Ella y no se separaba uno del otro jamás. Al final, ¿qué está escrito? «Además, ella sí es hermana mía, es hija de mi padre, mas no hija de mi madre». Ven y observa: al principio, cuando bajaron a Egipto, así dijo para apegarse dentro de la ley la llamó «mi hermana» para que no erraran dentro de esos grados externos. Aquí también, «mi hermana», para no apartarse de dentro de la fe, como corresponde, porque Abimelej y todos los habitantes de la Tierra seguían la idolatría, y él se apegaba a la fe. Y por eso entró allí y dijo: ¡Mi hermana! Así como una hermana no se aleja de su hermano jamás, así también aquí. Pues una mujer puede apartarse, pero una hermana no se aparta ya que dos hermanos no pueden apartarse jamás. Y debido a esto dijo Abraham: ella es mi hermana. Pues he aquí que todos estaban enardecidos dentro de la luz de las estrellas y las constelaciones y las servían, y Abraham se apegaba a la fe. Y dijo: ¡Mi hermana! ¡Que nunca nos alejemos!

161. Porque Abraham proviene del lado derecho, él dijo «Ella es mi hermana». Y el misterio es como está dicho: ¡Mi hermana, mi amada, mi paloma, mi perfeta! Y debido a esto Abraham siempre la llamaba «mi hermana», porque se adhería a Ella y no se separaban el uno del otro jamás.

3 Despojé a mi tonga, ¿cómo la vestiré? Lavé mis pies, ¿cómo los ensuziaré?

4 Mi querido tendió su mano por el horado, y mis entrañas[162] rugieron entre mí.

5 Levantéme yo por abrir a mi querido, y mis manos gotearon mirrha, y mis dedos mirrha recendién sobre rexas del candado.

6 Abrí yo a mi querido, y mi querido se encubrió, passó; mi alma salió en su hablar, busquélo, y no lo fallé; llamélo, y no me respondió.

7 Falláronme los guardadores, los arrodeantes en la ciudad, firiéronme, llagáronme, quitaron a mi manto de sobre mí, guardantes los muros.[163]

162. ¿Quiénes son «mis entrañas»? Éstas son el resto de las criaturas del campo.

163. «Los guardantes los muros», estos son los guardianes de las murallas de Jerusalén.

8 Conjuro a vos, hijas de Yerusalaim,[164] si fallardes a mi querido que denunciedes a él, que enferma de amor yo.

9 Que tú, querido más que querido, o hermosa en las mugeres; que tú, querido más que querido, que assí nos conjuraste.

10 Mi querido blanco y bermejo,[165] apendoneado de millaria.

11 Su cabeça oro fino, sus vedejas[166] crespas negras como cuervo.

---

164. «Las hice jurar, hijas de Jerusalén»: el alma le dice a esas almas que merecen entrar en la Jerusalén de lo Alto, y son las denominadas «hijas de Jerusalén», porque merecen entrar allí, y por esto el alma les dice: «las hice jurar, hijas de Jerusalén en caso de encontrar a mi Amado»: éste es el Santo, Bendito Sea. Rav dijo: éste es el resplandor del Lente de lo Alto; «¿qué le dirán? Que enferma de amor estoy» por disfrutar del placer de Su resplandor y por acurrucarme bajo Su sombra. Rav Huna dijo: «que enferma de amor estoy» ese deseo y ese anhelo que experimenté en vano en este mundo. Debido a esto estoy enferma.

Rabí Iehuda dijo: es el amor que experimenta el alma por el cuerpo, debido a que el cuerpo alcanza su final, aquellos días que se le decretaron, tal como está dicho: «Y fueron los días de Sara».

165. Y Su vestimenta es roja, tal como está escrito: «¿Por qué roja es Tu vestimenta?» (*Isaías* LXIII-2), y: «¿Quién es ese que llega de Edom…?» (*Isaías* LXIII 1).

166. Una enseñanza de R. Simeón dice: si los hombres entendieran el significado intrínseco de los pasajes de la Escritura que se refieren al cabello, adquirirían un conocimiento de su Amo por medio de la Sabiduría Superior.

12 Sus ojos como palominos cerca piélagos de aguas, que se lavan con leche, estantes sobre engaste.

13 Sus quixadas como sulco de la especie, (como) flores de conficiones; sus labrios rosas,[167] goteantes mirrha recendién.

14 Sus manos círculos de oro, llenos con Tarsis; su vientre blanco marfil, embuelto de saphiras.

15 Sus coxas pilares de mármol, acimentados sobre bases de oro; su vista como de Lebanon, escogido como cedros.[168]

16 Su paladar dulçuras, y todo él cobdicias; éste mi querido, éste mi compañero, hijas de Yerusalaim.

---

167. «Una rosa de los valles» porque ella modifica sus tonalidades para bien y a veces para mal, a veces para misericordia y a veces para juicio.

168. Selecto como los cedros.

6

1 ¿Adó anduvo tu querido, la hermosa en las mugeres? ¿Adó se bolvió tu querido, y buscarlo emos contigo?

2 Mi querido descendió a su huerto,[169] a sulcos de la especie, para apascentar en los huertos y para coger rosas.[170]

3 Yo de mi querido, y mi querido mío, él apascentán entre las rosas.

4 Hermosa tú, mi compañera, como Thirza desseable, como Yerusalaim, temerosa como (reales) apendoneados.

5 Buelve tus ojos de escuentra mí, que ellos me forçaron. Tu cabello como rebaño de las cabras que se pelan del Gilhad.

---

169. «A su huerto» se refiere a la Congregación de Israel, debido a que ella es las eras de las especias, la cual se encuentra confromada de todo tipo de especias y aromas del Mundo Venidero. En el momento que el Santo, Bendito Sea, desciende a este jardín, todas las almas de los justos se coronan allí, todas expelen un aroma, tal como está dicho: «Y el aroma de tu óleo de todas las especias»: de todas las almas de los Justos.

170. Dado a que los justos exhalan un buen aroma como las rosas, el Santo, Bendito Sea, los recoge antes que se corrompan.

6 Tus dientes como rebaños de las ovejas que subieron del baño, que todas ellas fazientes mellizos, y deshijada no en ellas.

7 Como pedaço de la granada, tu sien de dentro a tu crencha.

8 Sesenta ellas reinas, y ochenta mancebas, y moças sin cuento.[171]

9 Una ella mi paloma, mi perfeta;[172] [173] una ella a su madre,[174] clara ella a la que la parió; viéronla hijas y bienaventuráronla, reinas y mancebas y alabáronla.[175]

---

171. Como está dicho: «Sesenta ellas reinas y ochenta moças» ¿Qué significa moças sin cuento? Tal como está dicho: «¿Acaso hay un número para Sus huestes?» (*Job* XXV-25:3). Y debido a que son incontables está escrito: «moças sin cuento». Y todos en hileras, hileras, rodean ordenados unos frente a los otros, para entonar cánticos y alabanzas para su Señor.

172. Dijo Rabí Elazar: ¿por qué nosotros llamamos aquí, en el *Cantar de los Cantares*, al alma, a través de un lenguaje femenino, y allí, en la *Torah*, con un lenguaje masculino. Dijo Rabí Elazar: aquí, en la *Torah*, es denominada en lenguaje masculino, con respecto al cuerpo, porque el cuerpo con relación al alma es como una mujer con relación al hombre. Y el alma, con respecto a lo Alto, es como una mujer frente a un hombre, y cada uno hereda su nivel espiritual.

173. Y debido a esto ciertamente era apropiado para ellos (Abraham e Isaac) decir: «Ella es mi hermana». Y debido a esto, los justos se fortalecieron con El Santo, Bendito Sea.

174. Se refiere a la *Shekinah* sagrada, que surge de las doce luces que la iluminan, con la que ilumina todo. Y ella es la denominada madre.

175. La vieron las doncellas, y la llamaron bienaventurada, como está dicho: «Muchas mujeres hicieron el bien; mas tú sobrepasas a todas» (*Proverbios* XXXI-29).

10 ¿Quién ésta[176] la catán como mañana,[177] hermosa como la luna, clara como el sol,[178] temerosa como (reales) apendoneados?[179]

---

176. Quién es ésta es un secreto de dos mundos que se unen como uno. A esto se refiere: «mundo y mundo» (*Jeremías* XXV-5).

177. Este versículo ha sido explicado y dicho, «¿quién es la que proyecta su luz?». Se refiere a Israel, cuando el Santo, Bendito sea, los encumbre y los saque del exilio. Entonces el Santo, Bendito sea, les abrirá una abertura de una luz de tenue resplandor, y luego otra abertura más grande que ésta, hasta que el Santo, Bendito sea, les abra portones supremos, abiertos en las cuatro direcciones del mundo.

178. La carne de Moisés es roja, y sobre esto está dicho: «El rostro de Moisés se parecía al rostro del sol». Y por eso «Hermosa como la luna, clara como el sol».

179. Es la penumbra anterior a la luz de la mañana, y ésta es una luz tenue, «bella como la Luna», porque la luz de la Luna ilumina más que del amanecer. Y después «esplendorosa como el Sol», porque su luz es fuerte e ilumina más que la Luna.

11 A huerta del nogal descendí[180] [181] [182] para ver en frutos del arroyo,[183] para ver si floresció la vid, si apuntaron las granadas.

12 No sé, mi alma me puso quatreguas de pueblo voluntarioso.

---

180. ¿Qué significa «al jardín de los nogales»? Debido al jardín de los nogales he descendido, porque éste es el Palacio del Amor, para que se apeguen lo masculino con lo femenino.

181. Le dijo: ven y observa: ese jardín sale del Edén, y esto se refiere a la *Shekinah*. El nogal se refiere al carruaje supremo sagrado quienes son las cuatro cabezas que se separan del Jardín, como ese nogal que tiene cuatro cabezas en su interior. ¿Y qué significa «descendí»? Tal como fue enseñado: «descendió fulano al carruaje».

182. Esto ya ha sido establecido, pero así como la nuez tiene una cáscara que rodea y recubre el fruto y el fruto está en el interior, así es también con todo asunto de la santidad: siempre la santidad es interior y el Otro Lado es exterior. Y a esto se refiere el misterio: (*Habacuc* I-4). Y por eso el Tabernáculo se denomina «nuez», y esto ya ha sido establecido por los sabios.

183. Le dijo: ven y observa: ese jardín sale del Edén, y esto se refiere a la *Shekinah*. Y el nogal se refiere al carruaje supremo sagrado, quienes son las cuatro cabezas que se separan del Jardín, como ese nogal que tiene cuatro cabezas en su interior. ¿Y qué significa «descendí»? Tal como fue enseñado: «descendió fulano al del carruaje».

7

1 Tórnate, tórnate la Sulamith; tórnate, tórnate, y veremos en ti; que veredes en la Sulamith corno dança de los reales.

2 Quánto se afermosiguaron tus pies en los çapatos, hija de príncipe; circuitos de tus ancas como axorcas,[184] obra de manos de maestro.

3 Tu ombligo[185] (como) vaso redondo, no faltará la templación. Tu vientre montón de trigos, avalladado con rosas.

4 Dos tus tetas corno dos Enodios mellizos de corça.

---

184. El resto de los profetas tomaron los dos palacios de lo Bajo, dos espíritus que se denominan *Noga* y *Zohar* en el misterio de lo escrito: «circuitos de tus ancas» (*Cantar de los Cantares* VII-2), para que se unan uno a otro y sean uno.

185. En correspondencia con estos son los setenta grandes encargados afuera, que rodean a todos estos cuatro palacios. Estas setenta luces y las dos luces que se hallan frente a ellas, todas son interiores, una dentro de otra.

5 Tu cuello como torre de marfil, tus ojos (como) albercas en Hesbon,[186] sobre puerta de compaña de muchos; tu faz como torre del Lebanon, catán fazes de Damasco.

6 Tu cabeça sobre ti como grana,[187] [188] y cabella dura de tu cabeça como púrpura, rey atado en corredores.[189]

---

186. Pues ciertamente que lo hizo con cuenta (*Jesbón*), sacó esas fuentes de agua y revisó de sacarlas a todas por cuenta, y por eso se denomina «fe», Y en todo se denomina «fe». Y esto ya ha sido establecido.

187. Tu cabeza sobre ti, como grana se refiere a la cabeza suprema, la filacteria de la cabeza el Nombre del Rey superior y sagrado: el Tetragrama.

188. Hizo el Santo, Bendito Sea, gobernantes en lo Alto y gobernantes en lo bajo. Cuando el Santo, Bendito Sea, les otorga un grado a los ministros de lo Alto, toman un grado los reyes de lo bajo. Le dio un grado al ministro de Babilonia, tomó un grado Nabucodonosor, el malvado, tal como está escrito sobre él: «Tú eres la cabeza de oro» (*Daniel* II-38) Y todo el mundo se encontraba sometido bajo su mano, y su hijo, y su nieto. Tal como está escrito: «La cabeza que está sobre ti es como el Carmel...»: éste es Nabucodonosor, y tal como está escrito: «Bajo él se sientan los animales del campo» (*Daniel* IV-9). «Y los dependientes como púrpura» se refiere a Belshatzar, quien dijo: «lo vestiré de púrpura»; «el Rey está atado en los abrevaderos»: se refiere a Evil Merodaj, quien se encontraba preso hasta la muerte de su padre, Nabucodonosor, y reinó en su lugar.

189. Porque de ese rey llegan las bendiciones a todos los mundos.

7 Quánto te afermosiguaste quánto te asaboraste, amor en deleites.[190] [191]

8 Esta tu altura se asemejó a atamaral,[192] y tus tetas a razimos.

9 Dixe: subiré en atamaral, travaré en sus ramas, y serán agora tus tetas como razimos de la vid, y olor de tu nariz como mançanas.

---

190. «Quánto te afermosiguaste quánto te asaboraste, amor en deleites»: se refiere al alma en un futuro.

Y dijo Rabí Iehuda: «En ese momento futuro, el Santo, Bendito Sea, alegrará a Su mundo y Se alegrará con sus criaturas, tal lo dicho: «Se alegrará El Eterno con su obra» (*Salmos* CIV-31). Y entonces habrá alegría en el mundo, lo cual no existe ahora. Como está escrito: «Entonces se colmará nuestra boca de alegría» (*Salmos* CXXVI-2), tal como está escrito: «Dijo Sara: "Dios me ha causado una risa, todo el que oiga se reirá por mi causa"» (*Génesis* XXI-6). Pues entonces en un futuro los hombres pronunciarán un cántico porque será un tiempo de alegría».

191. Se refiere al alma en un futuro.

192. ¡Cuán preciada es la congregación de Israel ante el Santo, Bendito Sea, pues no se aparta de Él como ese atamaral donde lo masculino no se separa del femenino jamás; así la Congregación de Israel no se aparta de El Santo, Bendito Sea!

---

10 Y tu paladar como vino el bueno,[193] andán a mi querido a derechedades, fazién fablar labrios adorrnescidos.

11 Yo de mi querido, y sobre mí su desseo.[194]

12 Anda, mi querido, salgamos al campo, maniremos en las aldeas.[195]

13 Madrugaremos a las viñas, veremos si floresció la vid, si abrió la encierne, si apuntaron las granadas; allí daré mis querencia a ti.

---

193. Dijo: este vino es el vino de la *Torah*, que en verdad es bueno, porque hay otro vino que no es bueno. Pero el vino de la *Torah* es bueno para todos, bueno para este mundo y bueno para el mundo por venir. Este, también, es el vino que place al Santo, Bendito Sea, más que todo, y por eso quien se impregna profundamente del vino de la *Torah* despertará en el mundo por venir y llegará a vida cuando Dios alce a los justos.

194. En el despertar de abajo se encuentra el despertar de lo Alto, porque nada se despierta en lo Alto hasta que se despierta abajo. Y las bendiciones de arriba no se encuentran sino en lo que existe de modo concreto y no en algo vacío.

195. Enseñaron los sabios: «El que sale al camino debe elevar tres plegarias: el rezo que es obligatorio durante el día, la oración del camino, por el camino que él recorre; y una plegaria para que regrese a su casa en paz. Y si quiere pronunciar estas tres plegarias, incluso de una vez, puede hacerlo, tal como aprendimos que todos los ruegos de una persona puede incluirlos en la Amidá.

14 Las mandrágoras dieron olor,[196] [197] y sobre nuestras puertas[198] todas mejorías, nuevas también viejas,[199] mi querido guardé para ti.[200]

---

196. Y está escrito: «Por eso, en pago por las mandrágoras de tu hijo, se unirá a ti esta noche» (*Génesis* XXX-15). Éstas provocaron que Isajar surgiera al mundo, porque él hizo surgir la fragancia de la *Torah* en presencia de El Santo, Bendito Sea, como está escrito: «Las mandrágoras dieron olor».

197. Dijo Rabí Itzjak: No leas «*hadudaim*» –las mandrágoras– sino «*hadodim*» –los amados–: son el cuerpo y el alma que son amados y compañeros uno con el otro. Rav Najman dijo «mandrágoras» concretamente: así como las mandrágoras generan amor en el mundo, también ellos generan amor en el mundo. ¿Y qué significa «dieron olor»? Se refiere a los actos aptos para conocer y aprehender a Su creador.

198. Éstas son las puertas de los Cielos que están abiertas para hacer descender almas a los cuerpos.

199. «Nuevas, también viejas»: esos cuya alma salió hace muchos años, y esos cuya alma salió hace pocos días, y merecieron a través de sus actos aptos entrar en el Mundo Venidero. Todas en un futuro descenderán en un mismo momento para entrar en los cuerpos que les están dispuestos. Dijo Rabí Aja hijo de Iaakov: un eco celestial surge y dice: «nuevos, también antiguos, que para ti, amado mío, he guardado», que he guardado en esos mundos. «Para ti» ya que tú eres un cuerpo sagrado y limpio.

---

200. Enseñaron los sabios: en un futuro El Santo, Bendito Sea, resucitará a los muertos, y los sacudirá de su polvo. Porque no serán una estructura de polvo tal como eran en un comienzo, cuando fueron creados concretamente del polvo, algo que no se mantiene tal como está escrito: «Y formó El Eterno Dios al hombre del polvo de la tierra» (*Génesis* II-7). Y en esta hora, serán sacudidos del polvo de esa estructura, y serán incorporados en una estructura firme, poseedora de existencia, tal como está escrito: «Sacúdete del polvo, levántate, siéntate, Jerusalén» (*Isaías* LII-2). Y existirán plenamente, y ascenderán de bajo la tierra y recibirán sus almas en la Tierra de Israel y en ese momento El Santo, Bendito Sea, hará soplar sobre ellos todo tipo de aromas del Gan Edén, tal como está escrito: «Los higos emanaron su aroma» (*Cantar de los Cantares* VII-14). Dijo Rabí Itzjak: no leas «*hadudaim*» sino como «*hadodim*»: son el cuerpo y el alma que son amados y compañeros uno con el otro.

Rav Najman dijo «higos» concretamente: así como los higos generan amor en el mundo, mundo. ¿Y qué significa «emanaron aroma»? Se refiere a los actos aptos para conocer y aprehender a Su creador.

74

8

1 Quién te diesse como hermano a mí,[201] alechán tetas de mi madre; fallárate en la calle, besárate, también no menospreciarán a mí.

---

201. Este versículo fue pronunciado por la Congregación de Israel al Rey, a quien la paz le pertenece: «¡Oh, si tú fueras como un hermano mío», como José con sus hermanos, pues les dijo: «y ahora, no temáis, yo os sustentaré a vosotros, y a vuestros hijos» (*Génesis* L-21). Les dio alimento y los sustentó durante la hambruna, y por ello así está escrito: «¡Oh, si tú fueras como un hermano mío».

Otra cosa: «¡Oh, si tú fueras como un hermano mío», se refiere a José con respecto a la *Shekinah*, para que se una con Ella y se apegue a Ella; «que mamó los pechos de mi madre», pues entonces hay entre ellos hermandad e integridad; «hallándote fuera», dentro del exilio cuando Ella, otra tierra; «te besaría» para apegar un espíritu a otro espíritu, «y no me menospreciarían» a pesar de encontrarme en otra tierra.

---

2 Guiárate, truxérate a casa de mi madre, abezárasme; abrevárate de vino de confición, de mosto de mi granada.

3 Su izquierda debaxo de mi cabeça, y su derecha me abraçará.

4 Conjuro a vos, hijas de Yerusalaim, porque despertaredes y porque faredes despertar el amor fasta que envolunte.

5 ¿Quién ésta subién del desierto,[202] ayuntánse con su querido? Debaxo del mançano te desperté, allí se adolorió de ti tu madre, allí se adolorió la que te parió.

---

202. «¿Quién –*Mi*– es ésta –*Zot*– subién –*olaolá*– del desierto?» (*Cantar de los Cantares* 8:5). *Mi* y *Zot* son la suma de dos Santidades, de dos mundos con una sola unión y un solo enlace, «subién», concretamente para ser el Santo de los Santos, porque el Santo de los Santos es *Mi* y se une a *Zot*, para ser *olaolá* que es el Santo de Santos, ya que *Mi* es el Santo de los Santos.

«Del desierto»: porque del desierto heredó el poder de ser Novia y entrar en el palio nupcial. Y además: «del desierto», ella sube, tal como está escrito: «Y tu habla desseable», de ese desierto de palabras murmuradas por sus labios, ella «subién».

6 Ponme como sillo[203] sobre tu coraçón,[204] como sillo sobre tu braço,[205] porque fuerte como la muerte

---

203. Cuando la Congregación de Israel se apega a su marido, ella le dice: «Ponme como un sillo», pues el modo del sello, cuando se apega a ese sitio al que se apega, deja en el mismo toda su forma. Y a pesar de que ese sello es tomado aquí y aquí y no se mantiene allí y no se encuentra allí, y lo apartaron de ese sitio toda su forma la deja y se mantiene allí y allí. También aquí dice la Congregación de Israel, debido a que me apegué a ti toda mi forma se encontrará grabada en ti, y a pesar de que marche acá o acá en el exilio, encontrarás mi forma en ti y me recordarás.

«Y como un sillo sobre tu braço», tal está escrito: «Su izquierda esté debajo de mi cabeza, y su derecha me abrace». (*Cantar de los Cantares* II-6). También así será la forma grabada allí. Y así estaré apegada en ti por siempre y no me olvidaré de ti.

204. Así como un sello está grabado hacia dentro, su imagen resalta hacia fuera, así también sucede con el espíritu, que proviene del aspecto de ella, del mismo modo concretamente. Y en este mundo sella con su sello hacia adentro. Y cuando se desviste del cuerpo y penetra en el Gan Edén de la Tierra, el aire de allí, hace resaltar ese grabado para resaltar hacia fuera. Y se dibuja con la forma que resalta hacia fuera, tal como la forma del cuerpo en este mundo. En lo Alto, el alma que proviene del Árbol de la Vida se dibuja allí en lo Alto, en el Gan en ese atado de vida, para gozar con el placer de El Eterno. Tal como está dicho: «Y observar el placer de El Eterno y visitar Su palacio» (*Salmos* XXVII-4).

---

el amor,[206] duro como fuessa zelo; sus brasas, brasas de fuego, flama fuerte.

«Ponme como un sello» cuando la Congregación de Israel, se apega a su marido ella le dice: «Ponme como un sello», pues el modo del sello, cuando se apega a ese sitio al que se apega, deja en el mismo toda su forma. Y a pesar de que ese sello es tomado aquí y aquí y no se mantiene allí, y no se encuentra allí, y lo apartaron de ese sitio toda su forma la deja y se mantiene allí y allí.

205. La Congregación de Israel dice esto al Santo, Bendito Sea. El sello es el sello de las filacterias que el hombre coloca sobre su corazón; porque al hacerlo el hombre se perfecciona a sí mismo según el modelo superior.

206. Nada hay tan duro en el mundo como la separación del alma del cuerpo cuando han de partir; y similar es el amor de la Comunidad de Israel por el Santo, Bendito Sea.

7 Aguas muchas no podrán por amatar al amor, ni ríos no lo arrabdonarán; si diere varón todo aver de su casa por el amor, menospreciando menospreciarán a él.[207]

8 Hermana a nos pequeña, y tetas no a ella;[208] ¿qué faremos a nuestra hermana, en el día que fuere fablado en ella?

9 Si muro ella, fraguemos sobre ella palacio de plata; y si puerta ella, encastillemos sobre ella (con) tabla de cedro.

10 Yo muro, y mis tetas como torres; entonces fui en sus ojos como fallán paz.

11 Viña fue a Selomoh en Bahal-Hamon; dio la viña a guardadores, cada uno traía por su fruto mil (monedas) de plata.

---

207. Aquí están la prosternación y el extender las manos para apegarse al amor de su Señor.

208. «Tenemos una pequeña hermana» se refiere a la congregación de Israel, que se denomina «hermana» con respecto a El Santo, Bendito Sea. «Que no tiene pechos» se refiere a lo que hemos estudiado cuando los de Israel se aproximaron al monte Sinaí, ellos no tenían méritos y buenas acciones para que los protegieran. Como está escrito: «que no tiene pechos», y la belleza de la mujer. Y no hay belleza en la mujer sino con ellos.

12 Mi viña que a mí, delante mí; los mil a ti, Selomoh, y dozientos aguardantes su fruto.[209] [210]

13 La están en huertos,[211] compañeros escuchantes a tu boz, fazme oír.[212] [213]

---

209. ¿Qué significa *Mamré?* Porque Jacob hereda doscientos mundos del Edén y es un trono; dijo Rav Itzjak: *Mamré* en guematria, es 281:200 del Eden, tal como está escrito: «dozientos aguardantes su fruto», y 81 la de *kisé,* «trono». Y debido a esto es denominado: «El Eterno Se le apareció en la planicie de Mamré».Y por ello Jacob es denominado Mamré.

210. Dijo Rav Najman: todo aquel que entrega su alma en este versículo, hereda cuatrocientos mundos en el Mundo Venidero. Dijo Rav Iosef: ¡pero he aquí que fue enseñado doscientos! Dijo Rav Najman: doscientos por la *Torah* que estudió en este mundo, y doscientos por haberse entregado cada día por la Santidad de Su Nombre.

211. Y durante la noche, el Santo, Bendito Sea, llega a regocijarse con los justos en el Gan Eden. ¡Bienaventurados aquellos que se encuentran en sus lugares y se esfuerzan en la *Torah* durante la noche! Debido a que el Santo, Bendito Sea, y todos esos justos en el Gan Edén, escuchan las voces de los hombres, la de estos que se esfuerzan en la *Torah.* Tal como está escrito: «Quien se asienta en los jardines».

212. Y entonces el Santo, Bendito Sea, y todos esos justos que se encuentran dentro del Jardín del Edén, escuchan sus voces que pronuncian palabras de la *Torah* y que se elevan, como está dicho: «La están en huertos, compañeros escuchantes a tu boz, fazme oír» (*Cantar de los Cantares* VIII-13).

213. Y no sólo esto sino que El Santo, Bendito Sea atrae hacia él un hilo de gracia para que esté protegido en el mundo, porque los seres superiores e inferiores lo cuidan. Esto es lo que está escrito: «Durante el día El Eterno ordena Su bondad, y por la noche Su canción está conmigo» (*Salmos* XLII-9)

14 Huye, mi querido, y asemeja a ti a gamo[214] o a Enodio de los ciervos sobre montes de las especias.[215][216]

---

214. Todo el deseo de los deseos de Israel fue estar delante del Santo, Bendito Sea. Pues dijo Rabí Shimon: el deseo de Israel es que El Santo, Bendito Sea, no se marche y no se aleje, sino «huye... y aeméjate al gamo o al ciervo». ¿Por qué? Dijo Rabí Shimon: no hay animal en el mundo que haga como el gamo o el cervatillo, que cuando él se escapa, marcha despacio, despacio, y gira su cabeza hacia al sitio del cual partió, y siempre, de modo permanente, él gira su cabeza hacia atrás. Así dijeron Israel: Señor del Universo: si nosotros provocamos que te apartes de entre nosotros, que sea tu Voluntad escaparte como el gamo o el cervatillo, que se escapa y gira su cabeza hacia el lugar que abandonó, tal como está escrito: estuviesen en la tierra de sus enemigos, no los aborreceré ni los rechazaré para aniquilarlos».

Otra cosa, el gamo, cuando duerme, duerme con un solo ojo, mientras que el otro está despierto. Así dijeron Israel al Santo, Bendito Sea: haz como un gamo: «He aquí que no dormitará ni se dormirá el Guardián de Israel» (*Salmos* CXXI-4).

215. ¿Quiénes son los montes de las especias? Estos son los seis hijos de Lea, que incluyen a los otros seis y son doce y son seis, porque cada uno se encuentra incluido en su compañero, y Lea sobre ellos, para cumplir: «...como una alegre madre de hijos. Aleluya» (*Salmos* CXIII-9).

216. De aquí aprendimos que todo el que se esfuerza en la *Torah* como corresponde y sabe interpretar las enseñanzas y sabe innovar palabras como corresponde, éstas palabras se elevan hasta el Trono del Rey, y la Comunidad de Israel, la *Shekinah*, les abre los pórticos y son guardadas en sus tesoros.

Fin de los cánticos de Selomoh. Tiene pasukim 117,
Y su mitad: nardo y açafrán, en Cap. 4.

Anexo I

Versión de Fray Luis de León
de *El Cantar de los Cantares*

Capítulo I

Bésame con su boca a mí el mi amado,
son más dulces, quel vino, tus amores:
tu nombre es suave olor bien derramado,
y no hay olor, que iguale tus olores:
por eso las doncellas te han amado,
conosciendo tus gracias, y dulzores:
llévame en pos de ti, y correremos,
no temas, que jamás nos cansaremos.
Mi Rey en su retrete me ha metido,
donde juntos los dos nos holgaremos:
no habrá allí descuido, no habrá olvido,
los tus dulces amores cantaremos:
en ti se ocupará todo sentido,
de ti, por ti, en ti nos gozaremos:
que siendo sin igual tu hermosura,
á ti solo amará toda dulzura.
Morena soy, más bella en lo escondido,
ó hijas de Sion, y muy hermosa:
porque allí en lo interior no ha podido
hacerme daño el sol, ni empecer cosa:
á tiendas de Cedar he parescido:

que lo que dentro está, es cosa preciosa,
velo de Salomón, que dentro encierra
la hermosura, y belleza de la tierra.
Mi color natural bien blanco ha sido:
que aquesta tez morena me causara
el sol, que andando al campo me ha herido:
fuerza de mis hermanos me forzara,
de aquellos, que la mi madre ha parido,
que unas viñas suyas yo guardara:
guardé sus viñas con mucho cuidado,
y la mi propia viña no he guardado.
Dime, amor de mi alma, ¿dó apascientas
el tu hermoso ganado, y tu manada?
¿Adónde haces tu siesta, dónde asientas?
¿Dónde tienes tu albergue, y tu majada?
Que no es justo, mi Esposo, que consientas,
qu'entre pastores tantos yo ande errada:
qu'en tierra, dó apascientan mil pastores,
¿cómo podré yo hallar los mis amores?
Si no sabes, bellísima pastora,
el valle, dó apasciento el mi ganado,
toma tus cabritos, y a la hora
seguirán el camino más hollado;
caminando por él vernás dó mora
el tu dulce pastor, y desposado;
allí podrán pascer los tus cabritos
entre los de los otros pastorcitos.
A la yegua de mi carro presciada
paresces en el brío, Esposa mía,
bella, gentil, lozana, bien tallada,

y lleno ese tu rostro de alegría,
tu mexilla es de perlas arreada,
y el cuello con collar de pedrería:
zarcillos de oro fino te daremos,
y un esmalte de plata les pondremos.
Quando estaba el Rey mío en su reposo,
mi nardo dio su olor muy más crescido:
manojuelo de mirra es el mi Esposo,
por eso entre mis pechos le he metido,
racimo de Copher muy oloroso,
qu'en viñas de Engaddi se ha cogido:
para mí quiero yo los sus olores,
pues sé que están en él los mis amores.
¡O cómo eres hermosa, amiga mía!
¡ó cómo eres muy bella, y muy graciosa!
tus ojos de paloma en la alegría.
O dulce Esposo mío, y que no hay cosa
que iguale a tu belleza, y gallardía:
no hay cosa acá en la tierra ansí olorosa:
nuestro lecho es florido, y la morada
de cedro, y de ciprés está labrada.

Capítulo II

Yo soy rosa del campo muy hermosa,
y azucena del valle muy preciada.
Qual entre las espinas es la rosa,
tal entre las doncellas es mi amada.

Como es ver un manzano, estraña cosa,
entre robles, y encinas estimada;
tal es a mí la vista de mi Esposo,
qu'entre todos los hijos es gracioso.
Debaxo de su sombra he deseado
sentarme, y me asenté, y ansí he cogido
la hermosa, y dulce fructa, que él me ha dado:
la cual por su dulzor bien me ha sabido.
A la casa del vino me ha llevado,
y el su divino amor allí he sentido:
cercadme de manzanas, y de olores,
que herida, y muy enferma estoy de amores.
La mano de mi amor izquierda quiero
para me reclinar, y esto me place:
presto, no se detenga, que me muero,
y con la su derecha que me abrace.
¡O, hijas de Sión! de aquí os requiero
por cabra, y corzo, que en el monte pasce,
no despertéis mi amada, que ya duerme,
fasta que ella de suyo se recuerde.
Voz de mi amado es ésta; vedle, viene,
los montes, y el collado atravancando:
ninguna sierra, o monte le detiene,
las cabras, y los corzos semejando;
vedle como se allega, y se detiene,
detrás de mi pared está acechando:
¿no veis como se asoma al agujero,
ya se quita, y se pone muy ligero?
Hablado me ha el mi amado, y mi querido:
Levántate del lecho, amiga mía,

vente conmigo, qu' el invierno es ido,
y las flores nos muestran ya alegría:
el campo está muy bello, y muy florido,
y el tiempo del podar se descubría,
voz de la tortolilla ha ya sonado,
despierta con su voz nuestro cuidado.
La higuera muestra ya el fructo sabroso,
las viñas, que florescen, dan su olor:
levántate, quel tiempo es deleytoso,
y ven, paloma mía, ven, mi amor,
gocemos deste campo tan hermoso:
que en aquellas penas de mayor altor,
en unos agujeros abscondidos
haremos nuestro albergue, y nuestros nidos.
Descúbreme tu vista amable, y bella,
muéstrame tus facciones tan hermosas,
suene tu voz suave, hermosa estrella.
Cazadme, dixe yo, aquellas raposas,
las raposas pequeñas, que gran mella
hacen en mi viña las rabiosas:
á todas las tomad, haced que huyan,
ántes que la mi viña me destruyan.
Mío es el Esposo, mío, y muy amado,
y yo soy toda suya, y él me quiere
de aquel, qu' entre las flores su ganado
apascienta, seré mientras viviere.
Quando las sombras huyan por el prado,
vendraste a mí, mi amor, si te pluguiere,
como la cabra, o corzo bien ligero,
saltando por los montes, que te espero.

Capítulo III

En mi lecho en las noches he buscado
al que mi alma adora, y no le hallando,
torné a buscarle con mayor cuidado,
y saltando del lecho sospirando,
entré por la ciudad, y he rodeado
las plazas y las calles caminando;
de tanto caminar cansada estaba,
mas nunca pude hallar al que buscaba.
Halláronme las guardas, que rondando
andaban la ciudad la noche escura;
y yo acerquéme a ellas preguntando,
¿habéis visto a mi amado por ventura?
y desque un poco dellos alejando
me voy, hallé el mi amor y mi hermosura:
túvelo yo abrazado, y bien asido,
y en casa de mi madre lo he metido.
O hijas de Sion, yo os ruego y pido
por la cabra, y el ciervo y el venado,
no hagáis bullicio alguno, ni ruido,
porque no despertéis mi dulce amado,
que sobre el lecho mío se ha dormido;
esperad qu' el despierte de su grado:
juntaos aquí conmigo, y velaremos,
y este su sueño dulce guardaremos.
¿Quién es esta, que sube del desierto
como coluna bella, y muy hermosa,
qu' el humo del encienso ha descubierto,
hasta dar en las nubes olorosa?

El cielo de su olor lleno está cierto:
¡ó cómo es la su vista hermosa cosa!
la mirra, y los perfumes olorosos
en ella muestran ser muy más preciosos.
Cercad bien con los ojos aquel lecho
del gran Rey Salomón tan adornado;
sesenta fuertes hombres muy de hecho
le tienen todo en torno rodeado,
hombres de gran valor, y fuerte pecho,
y en armas cada qual bien enseñado:
todos tienen al lado sus espadas
por temor de la noche y empuñadas.
Una morada bella ha edificado
para sí Salomón de extraña hechura;
el su monte de Líbano ha cortado,
para de cedro hacer la cobertura;
de plata las colunas ha labrado,
y el techo de oro fino, y la moldura,
y el estrado de púrpura adornado,
y en medio del mi amor está asentado.
Salid, hijas de Sión, salí a porfía,
veréis a Salomón Rey coronado
con la corona rica, que en el día
de su gozo su madre le había dado,
quando con regocijo, y alegría
conmigo desposó el mi lindo amado:
salid, veréis la cosa más hermosa,
que' mundo tiene acá, y más graciosa.

Capítulo IV

¡O cómo eres hermosa, dulce amada!
Y tus ojos son bellos y graciosos,
como de una paloma muy preciada,
entre esos tus copetes tan hermosos:
tu cabello paresce una manada
de cabras, y cabritos, que gozosos
del monte Galaad vienen baxando,
el pelo todo liso, y relumbrando.
Los tus hermosos dientes parescian
un rebaño de ovejas muy preciado,
las quales de lavarse ya venían
del rio, el vellón viejo trasquilado,
tan blancas, tan parejas, que se ivan
pasciendo por el campo, y por el prado:
estéril entre todas no la había,
dos cordericos cada qual trahía.
Hilo de carmesí bello, y polido
son los tus labios, y tu hablar gracioso:
tus mexillas a mí me han parescido
un casco de granada muy hermoso:
y aquese blanco cuello liso y erguido,
castillo de David fuerte, y vistoso:
mil escudos en él están colgados,
las armas de los fuertes, y estimados.
Los tus pechos dos blancos cabritillos
parescen, y mellizos, que pasciendo
están entre violetas ternecillos,
en medio de las flores revolviendo:

mientras las sombras de aquellos cerrillos
huyen, y el día viene reluciendo,
voy al monte de mirra, y al collado
del encienso a cogerle muy preciado.
Del todo eres hermosa, amiga mía,
no tiene falta alguna tu hermosura,
del Líbano desciende, mi alegría,
vente para mí, y esa espesura
de Hermón, y de Amana, que te tenia,
dexayla de seguir, qu' es muy obscura,
donde se crían onzas, y leones
en las obscuras cuevas, y rincones.
El corazón, Esposa, me has robado
en una sola vez, que me miraste,
con el sartal del cuello le has atado;
¡quan dulce es el amor, con que me amaste!
Más sabroso quel vino muy preciado:
¡O quan suave olor, que derramaste!
Panal están tus labios destilando,
y en leche, y miel tu lengua están nadando.
Tu vestido, y arreo tan presciado
en su olor al del Líbano paresce,
eres un huerto hermoso, y bien cerrado
que ninguno le daña, ni le empesce:
fuente sellada, qu' él que la ha gustado ,
en el tu dulce amor luego enternesce:
jardín todo plantado de granados
de juncia, mirra, y nardos muy presciados.
Donde también el azafrán se cría,
canela, y cinamomo muy gracioso,

y toda suavidad de especería,
linaloe con todo lo oloroso:
fuente eres de los huertos, alma mía,
pozo de vivas aguas muy sabroso,
que del Líbano baxan sosegadas,
y en este pozo están muy reposadas.
Sus vuela, cierzo, ea, no parezcas
por mi hermoso huerto, que he temor,
que con tu dura fuerza me le empezcas,
llevándome mis fructos, y mi olor:
van, ábrego, que ablandes, y enternezcas
mis plantas, y derrames el su olor:
Venga a mi huerto, y coja sus manzanas,
mi amado, y comerá las muy tempranas.

Capítulo V

Vine yo al mi huerto, hermana Esposa,
y ya cogí mi mirra, y mis olores,
comí el panal, y la miel sabrosa,
bebí mi vino, y leche, y mis licores:
venid, mis compañeros, que no es cosa,
que dexéis de gustar tales dulzores:
bebed hasta embriagaros, que es suave
mi vino: el que más bebe, más le sabe.
Yo duermo, al parescer, muy sin cuidado,
mas el mi corazón está velando:
la voz de mi querido me ha llamado.

Abreme, amiga mía, que esperando
está la tu paloma este tu amado:
ábreme, que está el cielo lloviznando:
mi cabello, mi cabeza está mojada
de gotas de la noche, y rociada.
Todas mis vestiduras me he quitado,
¿cómo me vestiré, que temo el frío?
Y habiéndome también los pies lavado,
¿cómo me ensuciaré yo, amado mío?
Con su mano mi Esposo había probado
abrirme la mi puerta con gran brío,
por entre los resquicios la ha metido,
el corazón en mí ha estremecido.
Levantéme yo a abrirle muy ligera,
de mis manos la mirra destilaba,
la mirra, que de mis manos cayera,
mojó la cerradura, y el aldaba:
abríle; más mi amor ya ido era,
qu'el alma, quando abría, me lo daba:
busquéle, más hallarle no he podido;
llaméle, más jamás me ha respondido.
Halláronme las guardas, qu' en lo obscuro
de la noche velaban con cuidado:
hiriéronme también los que en el muro
velaban, y aun el manto me han quitado.
O hijas de Sión, aquí os conjuro,
digáis, si acaso viéredes mi amado,
quán enferma me tienen sus amores,
quán triste, y quán amarga, y con dolores.
¿Qué tal es ese, que tú tanto amaste,

o hermosa sobre todas las mugeres,
aquel por quien ansí nos conjuraste?
Dinos las señas dél, si las supieres,
que aquel que con tal pena tú buscaste,
hermoso debe ser, pues tú le quieres.
Mi amado es blanco, hermoso, y colorado:
vandera entre millares ha llevado.
La su cabeza de oro es acendrado,
son crespos y muy negros sus cabellos,
los ojos de paloma a mi amado,
grandes, claros, graciosos, y muy bellos,
de paloma qu' en leche se ha bañado,
tan lindos que bast' a herir con ellos,
en lo lleno del rostro están fixados,
del todo son hermosos, y acabados.
Son como heras de plantas olorosas
de confección suave sus mexillas,
sus labios son violetas muy hermosas,
qu' estilan mirra, y otras maravillas,
reiletes de oro muy preciosas
sus manos, quando él quiere descubrillas:
su vientre blanco de marfil labrado,
de zafíros muy ricos adornado.
Colunas son de un mármol bien fundadas
en basas de oro fino muy polido,
sus piernas, fuertes, recias, y agraciadas;
y el su semblante grave, y muy erguido
como plantas de cedro, que plantadas
en el Líbano están, me ha parescido;
su paladar manando está dulzura,

y todo él es deseo, y hermosura.
Tal es el mi querido, tal mi amado,
tales son sus riquezas, sus haberes,
por este tal os he yo conjurado,
porque en él solo están los mis placeres.
¿Dó fue ese amado tuyo tan presciado,
o hermosa sobre todas las mugeres?
dinos, ¿dó fue? Que todas nos iremos
juntas contigo, y te le buscaremos.

Capítulo VI

Mi amado al huerto suyo ha descendido,
a las heras de plantas olorosas:
su ganado en mi huerto le ha metido,
a apascentarlo allí, y coger rosas,
a solo aquel mi amado he yo querido,
y el también a mí sola entre sus cosas:
el mi querido es solo entre pastores,
qu' el ganado apascienta entre mil flores
Como Thirsa, mi amada, eres hermosa,
y como Hierusalem polida y bella,
como esquadrón de gente eres vistosa,
y fuerte, mil vanderas hay en ella:
vuelve de mí tus ojos, dulce Esposa,
tu vista me hace fuerza solo en vella:
tu cabello paresce a las manadas
de cabras, que de Galaad salen pintadas.

Una manada, linda mía, de ovejas,
me han tus hermosos dientes parescido,
que trasquiladas ya las lanas viejas,
del rio de bañarse han subido,
tan blancas, tan lucientes, tan parejas,
cada qual dos corderos ha parido:
tus mexillas un casco de granada
entre esos tus copetes asentada.
Sesenta reynas todas coronadas,
y ochenta concubinas me servian,
las doncellas no pueden ser contadas,
que número, ni cuento no tenían;
mas una es mi paloma, y humilladas
todas a mí perfecta obedescían:
y única a su madre aquesta fuera,
ésta es sola, que otra no pariera.
Las hijas que la vieron, la llamaron
la bienaventurada, y la dichosa,
reynas, y concubinas la loaron
entre todas por bella, y graciosa:
todos los que la vieron, se admiraron,
diciendo, ¿quién es esta tan hermosa,
que como el alba muestra su frescura,
y como luna clara su hermosura?
Como el sol entre todas se ha escogido,
fuerte como esquadrón muy bien armado.
Al huerto del nogal he descendido,
por ver sí daba el fructo muy preciado,
mirando si la viña ha florescido,
y el granado me daba el fructo amado.

No sé cómo me pude ir tan ligera,
que mí alma allá en un punto me pusiera.
Carros de Aminadab muy presurosos
los mis ligeros pasos parescían,
y los que me miraban deseosos
de verme, o Sunamita, me decían,
vuelve, vuelve esos ojos tan graciosos,
ten tus ligeros pies, que ansí corrían:
decían, Sunamita , que mirastes,
que como un esquadrón os adornastes.

Capítulo VII

Quán bellos son tus pasos, y el de tu andar,
los tus graciosos píes, y ese calzado,
los muslos una aljorca por collar,
de mano de maestro bien labrado:
tu ombligo es una taza circular,
llena de un licor dulce muy preciado,
montón de trigo es tu vientre hermoso,
cercado de violetas, y oloroso.
Tus pechos son belleza, y ternura,
dos cabritos mellizos, y graciosos;
y torre de marfil de gran blancura
tu cuello, y los tus ojos tan hermosos
estanques de Esebón de agua pura,
qu' en puerta Batrabim están vistosos:
tu nariz una torre muy preciada,

del Líbano a Damasco está encarada
Tu cabeza al Carmelo, levantado
sobre todos los montes, parescía:
y el tu cabello roxo, y encrespado,
color de fina púrpura tenía:
el Rey en sus regueras está atado,
que desasirse de ahí ya no podía:
¡o quán hermosa eres, y agraciada,
amiga, y en deleites muy preciada!
Una muy bella palma, y muy crecida
parece tu presencia tan preciada,
de unos racimos dulces muy ceñida,
que son tus lindos pechos, desposada.
Dixe, yo subiré en la palma erguida,
asiré los racimos de la amada,
racimos de la vid dulces, y hermosos
serán tus pechos lindos, y graciosos.
Un olor de manzanas parecía
el huelgo de tu boca tan graciosa,
y como el suave vino bien olía:
tu lindo paladar, o linda Esposa,
qual vino que al amado bien sabia,
y a las derechas era dulce cosa,
que despierta los labios ya caídos,
y gobierna la lengua y los sentidos.
Yo soy enteramente de mi Esposo,
y él en mí sus deseos ha empleado:
ven pues, amado dulce, y muy gracioso,
salgamos por el campo, y por el prado,
moremos en las granjas, qu' es sabroso

lugar para gozar muy sin cuidado,
muy de mañana nos levantaremos,
y juntos por las viñas nos iremos.
Veremos, si la vid ya florescía,
y al granado nos muestra ya sus flores,
si el dulce fructo ya se descubría:
allí te daré yo los mis amores,
la mandrágora allí su olor envia,
y allí las fructas tienen sus dulzores;
que yo todas las fructas, dulce amado,
allá en mi casa te las he guardado.

Capítulo VIII

¿Quién como hermano mío te me diese,
qu' el pecho de mi madre hayas mamado?
dó quiera que yo hallarte pudiese,
mil besos, mil abrazos te habría dado,
sin que me despreciase el que me viese,
sabiendo que en un vientre hemos andado:
en casa de mi madre te entraría,
y allá tu dulce amor me enseñaría.
Del vino que adobado yo tenía,
haría que bebieses que es preciado,
y el mosto de granadas te daría;
la su mano siniestra del mi amado
bazo la mi cabeza la ponía,
y con la su derecha me ha abrazado.

O hijas de Sion, no hagáis ruido,
porque mi dulce amor está dormido.
¿Quién es ésta, que sube recostada
del desierto, y echada la su mano
sobre su amado tiene, y delicada?
Allí te desperté so aquel manzano,
adonde te parió tu madre amada;
allí sintió el dolor, que no fue vano.
Sobre tu corazón me pon por sello,
amada, y sobre el brazo, y en tu cuello.
Ansí como la muerte es el amor,
duros como el infierno son los zelos,
las sus brasas son fuego abrasador,
que son brasas de Dios, y de sus cielos,
muchas aguas no pueden tal ardor
apagar los ríos con sus hielos;
el qu'este amor alcanza, ha despreciado
quanto haber este mundo le ha enviado.
Pequeña es nuestra hermana, aún no tenía
pechos; mientras le nascen ¿qué haremos,
quando se hablare della, vida mía?
Una pared muy fuerte labraremos,
y un palacio de plata yo le haría;
y las puertas de cedro le pondremos;
y dentro del palacio ella encerrada,
estará muy segura, y muy guardada.
Yo soy bien fuerte muro, Esposo amado,
y mis pechos son torre bien fundada.
Bien segura estará puesta a mi lado.
No hay donde pueda estar mejor guardada:

que luego que a tus ojos he agradado,
quedé yo en paz, temida, y aceptada;
y ansí con tal Esposo estoy segura,
que no me enojará de hoy más criatura.
En Bal-hamón su gran viña tenía
Salomón, entregada a los renteros,
cada qual por los fructos que cogía,
de plata le trahía mil dineros;
mas me rentará a mí la viña mía,
que me la labraré con mis obreros:
mil dan a Salomón, y ellos ganaban
docientos, de los fructos que sacaban.
Estando tú en el huerto, amada Esposa
y nuestros compañeros escuchando,
haz que oya yo tu voz graciosa,
que al tu querido Esposo está llamando.
Ven presto, amigo mío, que tu Esposa
te espera, ven corriendo, ven saltando,
como cabras, o corzos corredores,
sobre los montes altos, y de olores.

Finis hujus operis

Anexo II

La Guematria

La guematria *Raguil* del Tetragrama o nombre inefable יהוה es 26:

$$\begin{aligned} \text{י} &= 10 \\ \text{ה} &= 5 \\ \text{ו} &= 6 \\ \underline{\text{ה}} &= \underline{5} \\ & \ \ 26 \end{aligned}$$

La guematria *Raguil* de *Ko* (כה), 'así' es 25:

$$\begin{aligned} \text{כ} &= 20 \\ \underline{\text{ה}} &= \underline{5} \\ & \ \ 25 \end{aligned}$$

La guematria de *Shir haShirim* (שיר השירים), *Cantar de los Cantares*, es 1075:

$$\begin{aligned} \text{שיר} &= 510 \\ \underline{\text{השירים}} &= \underline{565} \\ & \ \ 1075 \end{aligned}$$

La guematria *Shemi* o completa de Israel (ישראל) también es 1075:

$$
\begin{array}{r}
\text{י} = 20 \\
\text{ש} = 360 \\
\text{ר} = 510 \\
\text{א} = 111 \\
\text{ל} = 74 \\
\hline
1075
\end{array}
$$

La letra *Shin* inicial de *Shir*, deletreada tiene un valor de 360, la *Iod* de 20 y la *Resh* de 510, que sumados dan 890.

$$
\begin{array}{r}
\text{ש} = 360 \\
\text{י} = 20 \\
\text{ר} = 510 \\
\hline
890
\end{array}
$$

Si hacemos lo mismo con David, tenemos a la *Dalet* que suma 434 y a la *Vav* que suma 22. Sumando el valor numérico de las dos *Dalet* con el de la *Vav* obtenemos de nuevo 890.

$$
\begin{array}{r}
\text{ד} = 434 \\
\text{ו} = 22 \\
\text{ד} = 434 \\
\hline
890
\end{array}
$$

Ya vimos que la guematria de *Shir haShirim* era 1075. La guematria de *Sod*, 'secreto' es 70. Si sumamos este número con 1005, el número de cánticos según el Zohar, obtenemos 1075.

$$ס = 60$$
$$ו = 6$$
$$ד = 4$$
$$\overline{}$$
$$70$$

1839 es un número muy especial porque es 613, el número de *mitsvoth* o preceptos, multiplicado por 3. Pero 613 también es la guematria de *Oroth* (אורות), 'luces', lo cual nos está diciendo que encierra 3 *Oroth*. Estas 3 luces son el *Cantar de los Cantares, Eclesiastés* y *Proverbios.*

$$א = 1$$
$$ו = 6$$
$$ר = 200$$
$$ו = 6$$
$$ת = 400$$
$$\overline{}$$
$$613$$

La guematria *shemi* de *Kodesh Kodashim* (קדש קדשים), Santo de lo Santo es 2060. Los cabalistas nos descubren que se trata del valor numérico de un versículo del libro de *Proverbios* (V-18) en el que *Makor*, la fuente, representa en este caso al Amado e *Ishah*, la mujer, a la amada:

יהי-מקורך ברוך; ושמח, מאשת נעורך.

«Sea bendita tu fuente y goza
de la mujer de tu juventud».

קדש = 980
קדשים = 1080
_____
2060

יהי-מקורך = 391
ברוך = 228
ושמח = 354
מאשת = 741
נעורך = 346
_____
2060

Índice

Otros títulos de la misma colección: